勃鲁盖尔

勃鲁盖尔

[德]沃日恩格尔　著

徐頔　译

北京出版集团公司
北京美术摄影出版社

Special edition

Original title: *Meister der niederländischen Kunst – Pieter Bruegel*
ISBN 978-3-8331-3852-2

Project Manager and Editor: Ute E. Hammer
Project Coordination: Jeannette Fentroß
Editor: Anja Eichler
Picture Research: Fenja Wittneven
Layout: Bärbel Meßmann
Cover Design: Simone Sticker

图书在版编目（CIP）数据

勃鲁盖尔 /（德）沃日恩格尔著 ；徐岘译. — 北京 ：北京美术摄影出版社，2015.5
书名原文：Masters of Dutch art : Pieter Bruegel
ISBN 978-7-80501-767-9

Ⅰ. ①勃… Ⅱ. ①沃… ②徐… Ⅲ. ①勃鲁盖尔，P.（1525 ～ 1569）—生平事迹②勃鲁盖尔，P.（1525 ～ 1569）—绘画评论 Ⅳ. ① K835.635.72 ② J205.563

中国版本图书馆CIP数据核字（2015）第062373号

北京市版权局著作权合同登记号：01–2012–8435

责任编辑：钱　颖
助理编辑：耿苏萌
责任印制：彭军芳

勃鲁盖尔
BOLUGAI'ER
[德] 沃日恩格尔　著　徐岘　译

出　版　北京出版集团公司
　　　　北京美术摄影出版社
地　址　北京北三环中路6号
邮　编　100120
网　址　www.bph.com.cn
总发行　北京出版集团公司
发　行　京版北美（北京）文化艺术传媒有限公司
经　销　新华书店
印　刷　北京汇瑞嘉合文化发展有限公司
版印次　2015年5月第1版　2019年11月第2次印刷
开　本　216毫米×253毫米　1/16
印　张　8.75
字　数　123.7千字
书　号　ISBN 978-7-80501-767-9
定　价　78 00元
质量监督电话　010-58572393
责任编辑电话　010-58572670

目录

真实、风趣和夸张的表现方法

图1 《大鱼吃小鱼》，1556年
墨水笔和刷子素描，21.6厘米×30.7厘米
阿尔贝蒂娜图画中心，维也纳

大鱼吃小鱼——这句话的对立面同样能从勃鲁盖尔的笔下显现出来，小鱼正附在大鱼身上捕食，而且图中最显眼的怪兽鱼已经死了。整幅图中最有教育意义的人物是小船里的人，他伸出胳膊向男孩解释周围的情况。很多不同的情景都在传达一个最主要的信息——“大鱼吃小鱼”，但它们并没有完全地按照字面意思表达。这一手法在勃鲁盖尔多场景素描和油画中被多次使用。

尽管弗兰芒（今比利时北部）油画家彼得·勃鲁盖尔（1525/1530—1569年）的生平鲜为人知，但不管是他的油画还是素描都不由自主地呈现出了这位油画家的生活环境。老勃鲁盖尔率先用素描的方式记录下弗兰芒乡村的每日生活情景，在他去世以后的很多年还被人传颂，至今弗兰芒的乡村仍旧保留着他画中的一些情景，这些情景被称为“勃鲁盖尔主题”。现如今很多人还都认为老勃鲁盖尔在艺术史上的地位是重于泰山的，其中的一个原因就是他独特的创造力，他能把一些古老和有价值的主题转换加强到日常生活情景里去。他是第一个把三位智者向圣婴基督朝拜的情境加入到大雪中的弗兰芒村庄中去的人。他的绘画王朝更在他的儿子扬·勃鲁盖尔（1568—1625年）和小彼得·勃鲁盖尔（1564—1638年）那里得到了继承。

勃鲁盖尔作品中最直接的视觉语言，吸引了许多20世纪的诗人，激发了他们的创作灵感。就好比布莱希特（1898—1956年），他十分欣赏勃鲁盖尔清晰的视觉思路和对细微之处的描画，勃鲁盖尔的作品可以说对他的青年时期形成了巨大的影响。他的视觉表达方式很简洁，那种在假设场景中犀利的转换感与平静的风景和村庄形成了鲜明的对比。每天一成不变的生活环境，被人和超自然生物打破。

布莱希特生前写了一本关于勃鲁盖尔的书，这本书直到他死后才被发现出版。他在书的介绍中这样说：“如果你能看到勃鲁盖尔视觉对比最深处，你会发现他画的其实都是最矛盾的东西。”变异就在场景里的事件中和真实绘画的结构中，换句话说，这就是布莱希特理论中著名的“变异作用”，把自己放到旁观者的思维和情绪中，好像拼图一样。这种作用在描述谚语或成语的作品中表现得尤为清晰。

图1是版画“大鱼吃小鱼”的底稿，描画的是一个谚语，这幅作品被布莱希特延伸成一个比喻。这个谚语千年以来一直是在许多非欧洲语言中广为传颂的，尤其在勃鲁盖尔的这幅画中更是达到了一个制高点。它讲的是一只大鱼正在吃小鱼的同时也在被更大的鱼吃掉，正在进行的这件事看起来似乎毫无意义，但是岸边的所有人和物却全都参与其中。标题中的大鱼位列食物链第二位，此时正张着嘴躺在岸边。嘴唇之间的缝隙中充满了小鱼，而且看起来还有更多的小鱼从它的胃中涌出来，而这些比它小的鱼，嘴里还有没吃完的更小的鱼。图中显而易见的最高捕食者就是站在梯子上正在切割大鱼的那个人，可就在不远处的空中一条张着大嘴的飞鱼早已对准捕食者俯冲直下。勃鲁盖尔又一次完全颠覆了“可能是这样的吧”这种想法，尽管其实他自己正在表现它。图中的大鱼已经死了，就连它旁边的贝类都在遵循着食物链法则享用它充满腥气的营养餐。在画的右上角，几条鱼被挂在树上风干，一个半身为人半身为鱼的生物准确无误地表现出了只有人类才是模范和道德的终结，这也是动物寓言中的法则。

在《大鱼吃小鱼》这幅作品中，充满了变化和夸张，这些手法表达出勃鲁盖尔作品中一些熟悉的语言内容和目的。视觉语言经过艺术加工被转换成作品还处在尝试的过程中，比如

图2 《圣安东尼的诱惑》，约1552年
镶板油画，58.5厘米×85.7厘米
塞缪尔·H.克雷斯收藏，国家美术馆，华盛顿

这幅画的源点展现了圣安东尼在空中的战役和夜幕降临给他带来的不利。而隐士的诱惑一直是画家们画风景画时的一个多变的素材。此处的修道院坐落在黑暗的森林中，城堡的岩石燃烧着篝火，勃鲁盖尔（或者是和他很亲密的作者）正在描绘一幅地狱的图画。

“狂欢节和四旬斋之战”被拟人化了，它的特点全都体现在每一个细小的点中。例如，面包铲用来铲鲱鱼；还有，被烤的乳猪下面竟然还挂着一根晃来晃去的香肠。这通常都是每天的日常生活，也是令人十分熟悉的文化，在这里似乎被用滥了，被故意重新组合、重新塑造了。在勃鲁盖尔的世界里，真相往往都是用夸张的手法表现的。可是，他确实极其认真地在表达其中的意义，而他出其不意地没有直接表达他的目的，而是把它们或是隐藏在一个意义重大的活动中，或是布置在一些不那么显而易见的边缘中。

布莱希特不是第一个发现勃鲁盖尔作品中图形记述的悖论和对宁静安详的空间描绘的作家。在20世纪早期，美国作家威廉·卡洛斯·威廉姆斯（1883—1963年）根据勃鲁盖尔的作品创作过一些诗歌。布莱希特看到的是画中的矛盾和变异，在威廉姆斯根据勃鲁盖尔的作品《伊卡洛斯的坠落》（图112）创作的诗歌中，让人屏息的停顿是两节之间的空白。它捕捉了伊卡洛斯从空中一头扎向水面的瞬间，周遭的景物对他没有丝毫影响，他就是那么自顾自地要扎进水面，头和躯干早已淹没在大海中，有种挥一挥衣袖，不带走一片云彩的意境。不管是诗人还是艺术家都无不巧合地对细节有着很深的情结，所以他们的作品和论文的主题往往都是以勃鲁盖尔作品中的某些图案为题材的。然而，就在这位画家去世前不久，他的作品却有了很大的转变。通常来说，细节间相互的异化是刻意被联系到一个故事或者是为了增强对比的效果，就好比儿童书籍的作者会联系到勃鲁盖尔作品中那些精致的童话故事或圣经故事。所以他的作品今天仍然被当作拼图一样，一块一块地被演化成新的故事。

那些被勃鲁盖尔描绘的工作、风俗、服装及其他事物一直被认为是快被遗忘的日常生活的记录。画中的信息量非常大，尤其是一些著名的画幅，比如在柏林的《弗兰芒谚语》或在维也纳的《儿童的游戏》，仿佛是用一段观察性的文字，在说明一幅作品的存在的同时，更描述了物质文化、民间智慧，还有游戏文化（图59、图62）。观察者随着画家不断地作画也在不断地讲解，仿佛他站在一个更浓重的写作文化阴影里，正在诉说着一部有关过去风俗的编年史。当然，有许多民间的谚语和游戏早已被记录下并变成印刷品流传，这里面收集了一些谚语，如鹿特丹的人类学者伊拉斯谟（1466—1536年）的作品，但勃鲁盖尔对此主题的处理方法却原始得多。他的作品不仅打破了常规，而且有着惊人的隐喻在其中，只有那些对谚语和游戏尘封的记录才能和它媲美。而他的圣经场景也是一样，因为单纯地引用《圣经》中的段落和文字而没法表达清楚其真正的含义。

这种艺术的起源在哪里呢？这个从村里来的叫勃鲁盖尔的农民对周围事物淡定和幽默的观察是与生俱来的吗？对此的解释可以从卡雷尔·范·曼德（1548—1606年）1604年所作的记录勃鲁盖尔生平的《画家的书》中找到。这位画家、自传作家、早期艺术作家是这样向勃鲁盖尔介绍自己的：

“当布拉班特的一个朦胧的小村庄选择了幽默风趣的勃鲁盖尔为她和她的村民们作画时，自然的美妙和她的选择贴合在了一起，占据了荷兰艺术史上最闪亮最持久的一个位置。”

同样的，画怪诞作品的能手杰罗姆·波希（1440/1450—1516年），用他的怪诞作品跟大幅的风景画做对比，可以被看成是勃鲁盖尔创作的一个模范。在荷兰的油画作品，甚至整个欧洲的油画作品中，都很难挑出两个以上比他更独特的画家了。勃鲁盖尔出生较晚，当然不可能是波希的弟子，这一点根本不需要论证，因为很显然，勃鲁盖尔出生时，波希早已去世。尽管如此，当今的研究者已经想到了波希，而著名的荷兰学者多明尼卡斯·兰普塞纳思在1572年更是证明了勃鲁盖尔的画作是对波希的一种颂扬。兰普塞纳思在拉丁文中称其为第二个波希。范·曼德也说：“他用杰罗姆·波希的方式练习绘画，他画了许多怪诞和滑稽的场景，因此他还经常戏称自己为‘小丑彼得’”。他的一些早期油画作品，包括之前描述过的《大鱼吃小鱼》，因为表象甚至被归为波希的主题，而勃鲁盖尔把这个主题深入并拓展了。

勃鲁盖尔的早期油画作品中很清晰地把我们引领到波希那儿去的是收藏在华盛顿的《圣安东尼的诱惑》（图2、图3）。我们看到勃鲁盖尔在1556年画圣安东尼这幅画时就已经赋予了其画作波希的特点，所以那幅在华盛顿的油画的作者到底是谁的疑问就不应该还是困扰我们的问题了。最著名的早期弗兰芒油画行家、柏林评论家马科斯·J.弗里德兰德（1867—1958年）认为原版的作品，以及在版面上最后的木刻痕迹并不能说明是在他死后才被加上去的，因为那只是轻描淡写的一笔而已。圣安东尼的荒郊是一片缜密的海岸线风景，右边树木密集，有像人脸的悬崖和古堡。左边的中央，水天一色。不管是波希还是勃鲁盖尔的作品中都对应地描述了尘世间的折磨，不止这些，在空中还有魔鬼和它的手下们在施展它们无数诱惑中最恶毒的一个。两位画家都创造了巨型大鱼作为对人类存在的比喻。这条鱼也是一种诱惑，它引诱隐士远离通向正义的道路。而勃鲁盖尔在1562年的作品《死神的胜利》（图64）中又一次运用了这个比喻。

勃鲁盖尔的艺术风趣之谜来源于他所受的教育。他的被复制很多的作品《艺术家和鉴赏家》（图5）常常会让人们觉得他并不是一个农民艺术家。从艺术家和鉴赏家之间的博弈能看出一个人对艺术的理解。在中世纪时，画家们并不依赖于鉴赏家们的见解。他们形成了一个由委托机构和社会阶层组成的稳定的画家传统，如教士、贵族，还有后来的市民。在勃鲁盖尔那个时期，画家们常常把自己画成传教士圣路加，因为传说是他为圣母马利亚作画。勃鲁盖尔笔下的艺术家，就算有着纠结的头发和浓密的眉毛，严格意义上讲也不能当作是他本身的自画像，倒是有人说和杰罗姆·波希很像。但如果勃鲁盖尔是在描述艺术家和鉴赏家的关系的话，他没有理由不考虑到自己，或者他的确曾描画过一个曾经影响过他的艺术家。这位艺术家用他透彻的眼神凝视着什么，丝毫不受后面盯着他的鉴赏家的影响，想必他所画的事物就在他的左边。和后面戴眼镜的鉴赏家相比这位艺术家的衣着自然，下笔的时候力度轻了很多，线条柔和：由此可见，他像极了范·曼德眼中的农民画家。关于勃鲁盖尔笔下的艺术家原型是杰罗姆·波希的猜想似乎转了一圈又回来了。范·曼德在对艺术行家兰普塞纳思的修辞中提出了疑问：“杰罗姆·波希，你的脸和你苍白的五官有什么特殊的意思？看起来似乎你能想象得到的所有地狱生灵此时都在你的耳边盘旋。”

图3 杰罗姆·波希
《圣安东尼的诱惑》（局部），约1510年
镶板油画，131.5厘米×119厘米
国家古代艺术博物馆，里斯本

波希笔下的黑暗世界，浓缩了怪兽和魔鬼，带我们又一次回到了中世纪深奥的教义中去。波希笔下祭坛的三个内部版面内容全部围绕着圣安东尼的诱惑，最近的祭坛里，外部版面展示了“逮捕基督”（左）和“基督背负十字架”（右）。左边的内版显示了在空中与魔鬼战斗的场面。在狭窄的小桥上，我们看到坠落的圣安东尼正在朋友的护送下回家。

图4 《圣安东尼的诱惑》，1556年（？）
灰褐色墨水笔和刷子素描，25厘米×21.6厘米
阿什莫尔博物馆，牛津

和图2同样的主题，圣安东尼的诱惑这次出现在海岸线上。人形的海湾，中间巨大的头颅形成了悬崖和洞穴。头顶上躺着一条搁浅的鱼，在鱼被破开的肚子里三个人正在打架。在右边，圣人正在他的树屋前祈祷。他让无数来势汹汹的怪兽退避三舍。

图5 《艺术家和鉴赏家》，约1565年
灰褐色墨水素描，25厘米×21.6厘米
阿尔贝蒂娜图画中心，维也纳

这是一幅被反复印刷的作品。图中的画家已经被证实是杰罗姆·波希，但也有人认为是勃鲁盖尔的自画像。不管怎样，在艺术家浓密眉毛下遮盖的眼神和身后鉴赏家越过他的肩膀极具穿透力的目光之间绝对有一个吸引人的参照物。

BRVEGEL

意大利的绘画之旅

图6 《意大利修道院》，1552年
墨水笔素描，水彩后着色，18.5厘米×32.6厘米
德国柏林国立普鲁士文化遗产图书馆，柏林

这幅风景画是以平行的层次构成的，与此同时作者省去了传统风景画组成中的可作为边框的树以及一条能够带领观者目光进入景深处的笔直的小径，它被认为是意大利之旅作品中很特别的一幅风景素描。目前还不清楚图中修道院的真实地点和名称。

根据研究证明勃鲁盖尔第一个著名的合作作品是在1549年，从这点我们可以推测出他大概在20岁的时候完成了对画画的初级培训，由此可推断，勃鲁盖尔大概是1530年前生人。在克劳德·多瑞兹（1518—1561年）的指导下，勃鲁盖尔与彼得·鲍尔登（1525—1598年）一起，在1551年完成了梅赫伦手套制作者工会的教堂壁画，并领取了佣金。在这期间勃鲁盖尔的工作是把图画外面的部分涂成灰色。虽然这个作品现在已经遗失，但它却没有被遗忘，这点我们恐怕要感激一宗牵扯到此作品的法律纠纷。在这位画家去世前不久，也就是1569年，有一幅他的肖像画说明他那时约45岁，因此证明他出生于1525年到1530年之间。

虽然勃鲁盖尔这个姓氏在斯凯尔特地区的两个城镇比较常见，但是除此之外并没有任何有力的证据能证明勃鲁盖尔的出生地。卡雷尔·范·曼德在他的书中写过勃鲁盖尔出生于布雷达（布拉班特）附近的勃鲁盖尔，但那里并没有一个叫这个名字的城镇。也许范·曼德是从安特卫普的意大利人卢多维科·奎恰尔蒂尼在1567年写的一段关于荷兰的历史描述中得到的信息，这段描述中说勃鲁盖尔来自于布雷达附近。同时范·曼德也加入了他自己的解释——姓氏与地名相同，但却未得到证实。

对这个村庄原地点的假设，都跟勃鲁盖尔早期一些享有盛名的农夫主题油画和素描有着紧密的联系，当然，前提是画中的农夫原型没有经过任何加工和渲染。事实上那些出现在勃鲁盖尔画中的地点很快都蓬勃发展成为商业城市，跟他来自乡村并且一直在乡村作画这种说法背道而驰。城镇和乡村的对比在那时已经形成了一种文化，就是说城镇人下乡游玩是时髦的行为。因此我们可以假设，范·曼德笔下的勃鲁盖尔去乡下作画也是一种寻找乐趣并乐在其中的赶时髦行为。

勃鲁盖尔师从何处一直存在争议，但对他在1550年之前开始他的学徒生涯这点并无疑议。他跟波登合作的时候很可能就是一名学徒，因为他们俩都不是直接被雇用的。前面提到的手套制作者工会的宗教壁画是唯一一个勃鲁盖尔完成并记录在案的有酬劳的教堂壁画作品。在16世纪中期，教堂壁画因为在荷兰的新教堂中被禁用而一直岌岌可危，从1564年开始，荷兰一直在爆发圣像破坏运动。打破常规不再支付薪酬是导致艺术行业改变的一个重要外界因素，新的客人想要更多基督教主题的图案，但每个人对此的理解都大相径庭。

勃鲁盖尔后来与梅肯·可可基成婚，而新娘的父亲，皮耶特·可可基·范·埃尔斯特（1502—1550年）很认真地接受了范·曼德的建议，对勃鲁盖尔进行了培训。如此说来，从来没有一个学生像勃鲁盖尔那样快速而完整地从老师那里获得知识。可可基通常喜欢画天主教题材的东西，而对风景画构图却没有一点天分。他生前趁学习之便，曾在君士坦丁堡待过一年，并在那里学习了土耳其语，死后公开的几幅土耳其文化风俗素描作品令他声名大噪。开始他是被一个地毯制造商派到那里对当地地毯行业做调查，在去世前不久，可可基一直住在布鲁塞尔，而勃鲁盖尔跟梅肯结婚后直到1560年才从安特卫普搬到布鲁塞尔去。可可基无疑是一个全面的艺术家和学者，以致长期以来勃鲁盖尔从他那里受益匪浅。但是在如何卖掉自己作品这件事上，勃鲁盖尔要么是无师自通，要么就还有另外的老师。

从工艺和审美的角度我们可以理解成勃鲁盖尔跟马希思·考克（约1509—1548年前）的交情，后者不仅是一位原创画家，还为印刷品画插图。而印刷品的出版商则是他的弟弟海

brueghel 1552

图7 《河景图》，1552年
褐色墨水笔素描，染色纸（蓝色），17.6厘米×26.4厘米
卢浮宫博物馆，巴黎

在近些年数次对作品和作者的重新归溯后，并没有很多出自勃鲁盖尔之手的作品能像这幅画一样给人留下大自然的直接印象。这幅画的一个特点就是景深，背景中的山峰清晰地一点点增加了水平景深。除了背景中郁郁葱葱的叶子，前景的空旷和荒废河边的寥寥点缀看起来几乎变成了红色。

欧纳莫斯·考克（约1510—1570年），在16世纪40年代，这位出版商也曾创作了许多画作。考克表现出对宽阔风景画、天气现象，以及整体景观的从属形象的兴趣。位于华盛顿的美国国家美术馆有一幅名叫《圣凯瑟琳殉难图》的画作，图中从右面袭来的暴风雨原来被认为是勃鲁盖尔的手笔，但从1540年开始直到今天，它被认为是马希思的作品。这幅作品无疑在勃鲁盖尔和最重要的“世界风景画”代表（图36）约阿希姆·帕蒂尼尔（约1480—1524年）之间建立了一种例外且难被察觉的联系。跟波希一样，帕缇耶早在勃鲁盖尔出生前就已经去世。

对这位画家的提及不能与勃鲁盖尔独特的个人视觉感受或者其对作品的理解混为一谈。勃鲁盖尔确实在罗马待过很长的一段时间，因为大家认为从他的绘画中可以察觉到他的意大利之旅很深入。那些经历在他身上留下了印记，并且使他突破了一个又一个瓶颈，所以说大自然就是他最重要的老师。毫无疑问，意大利之旅沿途的绘画，连同他收到的早期画家同行的作品一起被收录到勃鲁盖尔艺术展中。我们需要一直记住一点，现如今能被确认出自他手的画作比20年前更少，就算是更早的时候他的作品在时间和技术上都被一分为二为两个不同的时期：从1550年开始，他是一个图形绘画工匠；从1559年开始，他则是一名油画家。从那时起，很多他早期的版画作品都成为了继任者的工作。绘画纸张的老化让作品跟原本有些不同，如果近一点观察的话，会发现勃鲁盖尔当时的素描底已经暴露在一些版画和油画上——它们的感觉太靠近自然风景带给人的乐趣，所以不可能是在旅途中所作的习作。

不管怎样，能近观到勃鲁盖尔素描底的人，他们近距离地感受到了他真实的视野和旅行中的经历，这种感觉来自于他素描本身至高无上的魅力。即便是部分修复之后也无法掩盖勃鲁盖尔对自己所见所画的自信。《意大利修道院》（图6）里的素描是最早被发现的，似乎也是有最多细节可说的，后来这幅画被一位无名氏用水彩修改了。坐落在几座连绵不绝的小山脚下的修道院，以及修道院背后一条狭窄的树林和门前空地上四棵独立的树，这些互相平行的面对称分布，使整幅画看起来特别宽广无垠。而图中的水面并没有被横向拉伸或被横向叠加，这更加展示出风景的真实感。清晰的水平叠加和水面拉伸是一幅标准风景画的必要组成部分，勃鲁盖尔也一样运用这项工艺，虽然也有一些例外，但我们可以在他 1556 年后完成的《大景观》（图 12 —图 23）这组巨作里看出他对此项工艺的忠实。

1552 年，勃鲁盖尔加入安特卫普画家工会之后开始南下旅行，此后的一年里他一直行走在路上。那时候他还很年轻，在绘画上还未成型，所以有人提出假设：有人出资让他出国旅行见识世界。勃鲁盖尔这趟旅行的受益人可能是海欧纳莫斯·考克，他自己早先曾经在意大利生活过一段时间，而且在安特卫普开了一家名为“四风”的出版屋，专门发行意大利图画样本。从北边南下的罗马印刷商和出版商看起来是在勃鲁盖尔这趟旅行之后才来到的。考克的早期出版项目有古代经典的复制，有罗马、其他城市、公共开放地以及纪念碑风景。他对这些题材的兴趣是从对历史纪念碑的熟悉感或印象感演变而来的。勃鲁盖尔并没有特别地把自己从这种艺术中区分开来，但却只有两个作品与此有联系，尽管它们并不是严格意义上的城市风景画。

在勃鲁盖尔未到达罗马前，他翻越了阿尔卑斯山。难道就像范·曼德强调的那样，对平原人来说征服高山真的是最伟大的经历吗？还是只有大自然的热情才能补偿勃鲁盖尔对意大利油画少之又少的兴趣？勃鲁盖尔在去意大利的途中，是否真的有几幅描画不同地点的作品，这一点很值得怀疑。杰出的勃鲁盖尔研究专家汉斯·米尔克曾排除了一幅勃鲁盖尔早期的作品——陈列在卢浮宫的一幅素描（图 7），图中仅展示了一条河流，它称不上是风景，甚至找不到任何署名和日期。这些对勃鲁盖尔意大利之旅和艺术道路上发展的观点一直没变过，但更多关于绘图论点的缺失或是更多文件材料的不足滋养了一种猜测：这位艺术家选择用罗讷河作为那些素描的一个对象。卢浮宫里那幅素描的一个不寻常之处在于它是画家距离小河最近的立足点，但这一立足点却几乎被所有画家所放弃，因为它算不上小河边最吸引人的。低水平线可能是艺术眼光观察点的标准，因为这说明画者还未创造出观察点，我们可以很容易猜出在这上面描绘的东西才是全图最好的视点。从历史上看，勃鲁盖尔南下的漫长旅途中很有可能会经过第戎，而勃艮第镇是贸易和印刷中心，因此他一定会在此停留。

1555 年，考克以勃鲁盖尔素描作品《熊戏图》（图 10）（现存于布拉格）为参考创作了一幅《基督的诱惑》（图 11）。事实上，除了让这幅作品更加有名之外，出版商还略去了勃鲁盖尔这一名字，这一行为也可被理解为是一个小测验：他想要看看这种画能不能有销路。如果图中水边的树木不能被改变，那么加上嬉戏的熊在一起的话就太大气了。要么他不想把勃鲁盖尔当作一名初来乍到的画家来介绍，要么他不想把一个不知名的画家列入他的销售列表上。这幅蚀刻看起来是一幅成功的作品，因为次年勃鲁盖尔的系列作品《大景观》（图 12 —图 23）出现在市场上。被流传至今的版画作品《大景观》，真正算得上是在旅途中用素描记载下后再复刻成版画的作品，并不是范·曼德那些在路上吸收，回家再吐出来的旅途逸事。如果说有一些速写作品的话，那么现在也已经全部遗失了。而每一幅复刻必定都是几幅速写按照成分重新组合的结果。

这些版画作品中唯一一幅算作“维都塔”的，就是位于罗马东面第波汀山蒂沃利附近瀑布的景色（图 12）。这一景观被描画到了地形图的精度。这幅画在 1555 年勃鲁盖尔回到安特卫普之后被发表，图画附有说明，《第波汀景观》作为标题写在底部被画框遮住，这个特点是可以代表整个系列的标志。并没有出处表明最初的创作年份或原作者，只在底部边缘处刻着“H. 库克”的名字。熟悉蒂沃利崎岖地形风景的人会发现这幅作品并不壮观。绘画者的视点在阿涅内河附近，蒂沃利和哈德良之间的小镇下面。看着眼前的蚀刻，就会确信勃鲁盖尔面对大自然一直都怀着赞赏的心情，而选择蒂沃利恰恰也是这个原因。这幅作品无疑是成功的，它被布劳恩和霍金堡列为著名城市风景之一，后来被许多出版商反复出版多次。但这座坐坐落在山顶并被阿涅内河环绕的城市中的其他景致都没有让这位画家驻足——名胜古迹没有打动他，艾斯特度假村的峭壁花园和水塘没能吸引他，维斯塔神庙也没能引起他的兴趣。而此景点的主要特色是小瀑布，瀑布流下来的水穿过城镇注入第波汀北面的阿涅内，成为阿涅内湖的给养。镇上的房屋分布得很分散，因为山壁十分陡峭根本无法包容任何突出的建筑，尤其是在 110 米高，220 米宽的峭壁上。

《第波汀远景》所描画的景象中有两处经常

图8 E.德·布洛涅
《油画家勃鲁盖尔》
铜版画来自于：公牛艺术 I，科学和艺术学院，第二卷，第六部分，阿姆斯特丹，1582年

这幅勃鲁盖尔的画像在画家去世后出现：画中展示的是一名留有浓密胡子的男人，严峻而令人肃然起敬，年龄可能是四十几岁。

图9 《第波汀前景》(图12局部)

勃鲁盖尔只复制旅途中少数的几处风景，因此可以确定这些都是他亲眼所见的地点。罗马东边的拉齐奥第波汀小镇就是其中一个。尽管这个小镇因为古色古香闻名已久。哈德良把他的别舍建在了附近，礼拜堂也依然存在于此。但勃鲁盖尔的兴趣却不在此处的古风和建筑上。吸引他的是陡峭的悬崖，蜿蜒的水道和著名的瀑布。

和勃鲁盖尔作品连接起来。范·曼德在《人生》一书的第一句中介绍勃鲁盖尔是“大自然的艺术家”，而这个“艺术家”并不是说他是旅行摄影家的先导，人们可以从他拍摄的每一张照片中追寻到旅行的脚印。就算这些是假设，唯一遗憾的是缺少绝对的证据支持：尽管勒佐卡拉布里亚、那不勒斯、罗马、蒂沃利和阿尔卑斯山这些地方更像是旅行中应该沿途欣赏的美景，想必这次旅行途中多数的画作如今早已遗失，而那些有幸流传下来的勃鲁盖尔承诺在他回程之后会进行修复。从一个出版商的角度看，所有修复工作完成之后，编辑条件因素一定是首要的，就像勃鲁盖尔的作品《建造巴别塔》(图78、图79)中也有跟斗兽场的呼应——但被转换到北海岸去了。事实上勃鲁盖尔并没有创作过真正意义上的城市古迹景观画。在他之前的艺术家们对斗兽场有很多描画，市面上也有无数的印刷品，勃鲁盖尔完全可以在自己绘画时拿那些印刷品当作一个备忘录让自己的绘画过程更简单。

因此《大景观》不能被追寻到具体的地理位置。而更值得怀疑的是它究竟是不是一组系列画，即便是有更多其他的画出现，也很难不跟营销的目的结合在一起。因为在交易中，它们大都是独自标价的。标题标明了重新复刻圣经故事和圣徒的传说，经典的主题也被重新诠释，但那究竟意味着什么却还没有被进一步研究调查过。所有事后被补充的可能性只能模糊地与绘画想法连接在一起。标题和注释彼此间没有内在的联系，并且相差甚远。

把这些画归纳为一个系列并不是因为它们的主题相近，而是因为它们都是32厘米宽，43厘米长的标准尺寸，并且它们的组成形式相似。通常一个升起的远景都用一种可比较的方式延伸到中间，而这点和背景之间总有一种很相似的关联关系。远景的小图画与观察者的距离在下笔前都是经过深思熟虑的。在超过一半以上的场景中，总有一棵树或是一丛灌木在感官上起着在整幅图划定距离和参照物的作用。多数的场景都包含一条穿过水平线的河流和两侧的青山，有时甚至是青山环绕整个水平线。尽管作画时并没有事先计划过，但只要有心还是能观察到在画风景画时一些最基本的法则在其中：整个景观的走向，一个稳妥的垂直定向，还有一贯的树和水的水平定向。相似的风景特色还有风车、龙门架、农庄和塔，这些确定了图画的深度层次，传达出的距离感让观看者能有身临其境的感觉。勃鲁盖尔还有一些明亮风格的建筑画，但这些图画在经过一系列的重新剪裁以及氧化之后已变得很模糊，技术人员必须在外层添加一层保护膜来防止进一步的失色，因此相比于风景画，这些建筑画几乎没有复制品。这些画最远处的形状只能用示意图一步步来解释：独立的树木——辨别出它们的线条和轮廓后——推断出小树林，因为树林的剪影被安插在连绵的群山中；而扬帆的船只在水平线上就是盘陀状的。其他潦草的笔迹和勾画都可能是更多的树林和远处的船只。

风景画《猎兔》(图24)大约创作于1560年，鉴于这幅画在设计上无与伦比的精细，所以是唯一一幅被认为是勃鲁盖尔真正亲笔刻画的作品。这是一幅果园的俯景，一名猎兔者隐藏在山谷深处，向右弯曲的身体指向树林之上的城堡，这场景跟《圣安东尼的诱惑》(图2)很相似。并且重要的是这幅画的镶嵌和条纹也跟之前我们看到的风景版画大相径庭。如果作品不是被送到其他制作铜版专业者手中加工的话，这种大相径庭意味着可能这才是勃鲁盖尔真正的版画风格。而这种可能，当然被门外汉认为是一个重大发现：毕竟首先在技术上把素描复刻到铜版上就会有简化，而且并不是表达和风格上的问题。遗憾的是，没有勃鲁盖尔的素描可以拿来比较，尽管坊间有复制品，但仅凭一个署名落款，还是什么也说明不了。左下角勃鲁盖尔署名后面的日期被镶嵌挡住而无法读出，很有可能是因为误写的1506年很难被更正为1560年，但也并不能因此说明1560年就是准确的。

勃鲁盖尔曾和久居罗马的马其顿著名插图画家朱力奥·科洛维奥(1498—1578年)很熟悉。几十年来，后者的主要图画就是罗马法尔内赛红衣主教(1468—1549年)。根据科洛维奥的传记作者记录，他在1552—1553年间是在佛罗伦萨为麦蒂赛思工作，在这之前他并不在罗马。而勃鲁盖尔此后是否在罗马，还是这段友谊发生在佛罗伦萨？科洛维奥拥有一些勃鲁盖尔的作品，而在他所有的收藏中还提到了其中一个彩蛋是由他俩共同完成的。对此说法的调查追溯出他们俩曾一同为一本拉丁文书画过插画，在一起度过了很长时间。现存于纽约皮尔庞特摩根图书馆的《法尔内塞小时书》(图25)，其特色在于页脚(原文为法语)的海岸线风景，图中背景好似被洗涤过一样干净，于是查尔斯·德·托纳伊把这归功于勃鲁盖尔。因为在艺术技能上的一个简化分类中，风景画早已被认为是北部所有，而人像则是南方所有；

图10 《熊戏图》，1554年
墨水素描，27.3厘米×41厘米
国家美术馆，布拉格

图中的熊可以和一句谚语联系在一起，即“母熊用舌头舔小熊是为了让它们更好地成长”，可以理解为榜样的作用是无穷的。

图11 海欧纳莫斯·考克，仿彼得·勃鲁盖尔
《基督的诱惑》，1570年后
蚀刻，32.2厘米×42厘米
阿尔伯特一世皇家图书馆，布鲁塞尔

就勃鲁盖尔图画中对形象的安排这方面，这幅蚀刻和《熊戏图》（图10）都很翔实：它们用不同方式展现了同样的风景设计感。在一幅画中充满了粗俗的意象，而另一幅画中则是基督的传说。有一种可能的情况是蚀刻的出版商面临着主题和说明的问题，才能决定物体位置的安排。许多跟这幅一样复刻勃鲁盖尔的画作，是在1569年他去世之后才出现的。在它们中间有很多是被修改和重复印刷多次的作品。只不过新瓶装旧酒，换了标题而已。

图12 来自《大景观》系列，《第波汀远景》，1556年
铜版画，32厘米×42.5厘米
阿尔伯特一世皇家图书馆，布鲁塞尔

蒂沃利是坐落在罗马东部第波汀山脚下的一个小镇，勃鲁盖尔觉得它是一个公共的关卡。蒂沃利附近的瀑布是勃鲁盖尔在这系列画里唯一能靠地形辨别和命名的景观。

图13 来自《大景观》系列，《沙漠里的S.海欧纳莫斯》，1556年
铜版画，32厘米×42.5厘米
阿尔伯特一世皇家图书馆，布鲁塞尔

《沙漠里的圣哲罗姆》是从拉丁文翻译过来的题目，最开始是展现沙漠中的风景，可这幅画中却没有沙漠。自从有了杜勒的版画，圣哲罗姆作为教堂的神父就经常出现在他的研究中，他成了一名学者。原稿已丢失。

图14 来自《大景观》系列，《那恩农民》，1556年
铜版画，32厘米×42.5厘米
阿尔伯特一世皇家图书馆，布鲁塞尔

如果你能忍着不去想比利时式的货车或者装满货物的毛驴穿过阿尔卑斯山这样的风景的话，《那恩农民》或“去往每周赶集的路上”绝不是这幅画最初的标题。这中间的景色超越了小森林形成了《大景观》中独一无二的景色。

图15 来自《大景观》系列，《抹大拉的忏悔》，1556年
铜版画，32厘米×42.5厘米
阿尔伯特一世皇家图书馆，复刻品内阁，布鲁塞尔

《抹大拉的忏悔》从15世纪开始到现在一直是一个很流行的宗教主题。圣人的形象各种各样，从古至今一直是被不断验证的人物。她很可能是结合了抹大拉的马利亚（耶稣从她身上驱赶走七个恶魔）和后来见证耶稣复活并在他脚边留下忏悔眼泪的人的形象。

图16 来自《大景观》系列，《阿尔卑斯风景》（无标题）1556年
铜版画，32厘米×42.5厘米
阿尔伯特一世皇家图书馆，复刻品内阁，布鲁塞尔

这幅画的构成并没有解释为什么它是唯一一幅没有标题的图画。装满货物的驴队，陡峭的沟壑，抑或是大块的岩石都充分展示了商队在旅途上奔波的场景。

图17 来自《大景观》系列，《守护乡村》，1556年
铜版画，32厘米×42.5厘米
阿尔伯特一世皇家图书馆，复刻品内阁，布鲁塞尔

标题《守护乡村》（也被称为《保卫乡村》）指的是两个拿着镰刀的农夫，一个背靠着树守在右边，另一个坐在树下磨镰刀。图中的风景，几条水路、村庄、城堡以及山川，并没有带来偏远的感觉，处处都显现出这是一个人口密集的地方。

图18 来自《大景观》系列，《狡猾的捕鸟者》，1556年
铜版画，32厘米×42.5厘米
阿尔伯特一世皇家图书馆，复刻品内阁，布鲁塞尔

这幅版画题目叫作《狡猾的捕鸟者》，题目中的捕鸟者指的是图右边戴着羽毛帽的人，他的捕鸟网上有各种各样的鸟。图中并没有暗示捕鸟者捕捉时是如何使诈的。稀稀拉拉的树可能暗指他其实只是一名涉世未深的游走小贩而已。

图19 来自《大景观》系列，《逃往埃及》，1556年
铜版画，32厘米×42.5厘米
阿尔伯特一世皇家图书馆，复刻品内阁，布鲁塞尔

《逃往埃及》是在勃鲁盖尔之前的画家们经常画的宗教主题。他在1553/1554年画过一幅素描《逃往埃及路上的小憩》（图29），在1563年，勃鲁盖尔又重新创作了一幅相同主题的油画。

图20 来自《大景观》系列，《以马忤斯的相遇》，1556年
铜版画，32厘米×42.5厘米
阿尔伯特一世皇家图书馆，复刻品内阁，布鲁塞尔

在路加福音的最后两章中，两位门徒在去往耶路撒冷附近一个叫作以马忤斯的小村庄的路上。耶稣受刑后的三天，他们对自己的信仰产生了怀疑，因为并没有像说过的那样发生救赎。在路上一个陌生人加入了他们的对话，当他回答了他们的疑惑之后，他们才意识到他是复活后的耶稣。

图21 来自《大景观》系列，《比利时货车》，1556年
铜版画，32厘米×42.5厘米
阿尔伯特一世皇家图书馆，复刻品内阁，布鲁塞尔

有顶篷的货车，被称为比利时式货车，正在去往弗兰芒村庄的路上。但起伏的景象并没有反映出弗兰芒的地形面貌，因此不可能是比利时村庄。后面一块独立的岩石立在海湾之间，海面上能看到很多船只。

图22 来自《大景观》系列，《乡村树林》，1556年
铜版画，32厘米×42.5厘米
阿尔伯特一世皇家图书馆，复刻品内阁，布鲁塞尔

《乡村树林》是一处“阴凉的角落”，这里从图前方的灌木丛和刚没膝盖的浅滩可以分辨出。此处地方没有任何文献和出处可考。

图23 来自《大景观》系列，《休息的士兵》，1556年
铜版画，32厘米×42.5厘米
阿尔伯特一世皇家图书馆，复刻品内阁，布鲁塞尔

士兵们很可能选择了一处不寻常的地点休息；事实上他们几乎将这个地方团团围住。他们没有进入村庄里休息，而是在路边从右到左依次坐下，其中的一员放下了手中的矛。图中位于中间的枝叶茂盛的大树给整幅风景赋予了神采。

12

15

18

21

13

14

16

17

19

20

22

23

图24 《猎兔》，1560年（？）
蚀刻，32厘米×42.5厘米
阿尔伯特一世皇家图书馆，布鲁塞尔

学界对这幅蚀刻的原稿一直存有疑义，不仅仅是图中超乎寻常细致的线条和变化多端的镶嵌，落款的日期也始终是一个疑问。从构成上讲，这幅版画更接近早期的风景，但是在空间上却有更好的发挥。图右边从山崖到城堡之间增加了厚度，而没有简单地在空间上一层一层叠起来。

由此可认定科洛维奥不具备画风景画的能力。但此书上的日期是1546年，这意味着是在勃鲁盖尔意大利之旅之前出版的。还有一点是，我们从科洛维奥其他的作品中对比可发现，他很多作品都差不多是从平坦和透明突然进入到蓝色背景，就像《法尔内塞小时书》里面的插画一样。

《那不勒斯港外的海战》（图26）创作于1560年后，描画的是那不勒斯湾，现在藏于罗马多利亚潘菲利画廊，说明勃鲁盖尔的意大利之旅深入到了南部。也许他的足迹远至勒佐卡拉布里亚，从靴子版图之尖直到西西里岛。有一幅大幅版画刻画了墨西拿海峡的海战（图27）；而就在最近，此幅版画的原手稿刚刚重见天日。在两幅作品中，地理位置和市容面貌的相似之处是并不引人注目的，因为很有可能两幅画是在同一处取景。很容易想象出勃鲁盖尔在已有的素描中，对风景进行了进一步的润色。基本上，这个突起的景点鸟瞰着大海，这需要艺术家在心灵上对海岸线景色的诠释。这个衔接的观察点到底是在水面还是陆地上，又或者是从地图上其他什么地方，一直都找不到。可以肯定的是，那不勒斯水坝是长方形的，并不像勃鲁盖尔画中所示有弧度。尽管如此，这个弧度比原始的长方形更加适合整体构图，长方形和海岸线放在一起并不和谐，因此线条的偏差被看成是构图组成上的特点。就算是重画一次，也无法证明勃鲁盖尔并没有亲临过那不勒斯。

如果遵循勃鲁盖尔所画风景都是他亲眼所见这一主张，那么他很可能也到过挪威：在《逃往埃及路上的小憩》（图29）中，约瑟在高空鸟瞰，前方是带有裂缝的岛屿和突起的海岸线，地平线在左边，海的拐角在右边。画中还有陡峭的悬崖，于是给人的感觉是这片区域已有人造访并迁徙于此。画中在前方休息的难民同时也重现了远处中心地的景象。图画上没有留下日期，但可以被认定是他早期在1553年到1554年翻越阿尔卑斯山之前所作。整幅图的构图是根据绘画常规所定，这种常规知识可从任何绘画班获取。而且事实上，前方斜着的树让人不禁想起科内利斯·梅赛思（1505/1508—1560年）的相似的布局方式，或者是西蒙·贝宁（1483—1561年）的缩影法。而他们两个缺少的是勃鲁盖尔能戏剧性地把二者结合在一起的胆量和感觉，即勃鲁盖尔能把宽阔的前景空间变成有弧度的，并且能让全景变得更加有延伸感。

在这幅现藏于柏林的画作中，约瑟在斜坡上半卧而坐凝视着远处的景色。这让观看者觉得他是一个标志性的人物，成为一个显示休息和享受风景之间关系的视觉隐喻。曾有人试图把他当成是勃鲁盖尔斯多葛主义的奠基人物。艺术家和观看者们因此可能会面对斯多葛主义的沉思世界，就像约瑟横卧在斜坡上闭目沉思一样。在此观点里，不认同沉思派世界观的是一些繁忙的农夫，相对于消极者他们是积极派的代表。但是这幅画传递的信息并不在道德规范之内：一派繁忙的工作景象并不是处处可见的。图的中央，斜坡上城镇里的每样东西都被分组了。城镇由清晰明朗、长方形的建筑组成，让人回想到之前讨论过的《意大利修道院》（图6），可以说它们都有相似的地中海建筑风格。淡淡的光洒满整个小镇，勃鲁盖尔加了一些淡红色来达到这种效果。左边一道淡红色的光晕一直延伸到水面，在水面上慢慢褪色直到右边。太阳还沉浸在地平线之下透出隐隐的光，此刻的它还处在画外，仿佛下一秒钟马上就要跳出来。这还仅仅是他的早期画作，可能正因为勃鲁盖尔是这种质感的先锋，所以后来他才越发地出名——尤其在1656年《月》系列出现之后——这是对月景的创新之作。

图25 朱力奥·科洛维奥
《法尔内塞小时书》，1546年
羊皮纸，10.2厘米×17.8厘米
皮尔庞特·摩根图书馆，纽约

研究者们一直反复想要证明勃鲁盖尔与朱力奥·科洛维奥合作在后者的著作中画插图。可以肯定的是，这两位艺术家彼此相熟，曾经就连一幅小画都一起画。可是，《法尔内塞小时书》早在勃鲁盖尔去意大利之前就已经完成了。书页边缘的风景图，就像图中所示，透露着一种失败者的风格，但勃鲁盖尔风格的风景结构却在一点点增加，因为在空间上不同层级的深度描画是科洛维奥没有的特点。

图26 《那不勒斯港外的海战》，约1563年
镶板油画，39.8厘米×69.5厘米
多利亚潘菲利美术馆，罗马

这幅那不勒斯海湾风景画是在勃鲁盖尔意大利之旅后才创作出来的。想必这是他亲身到达过的地方，但这幅油画上他笔下的城市却带着古老版画的风格。

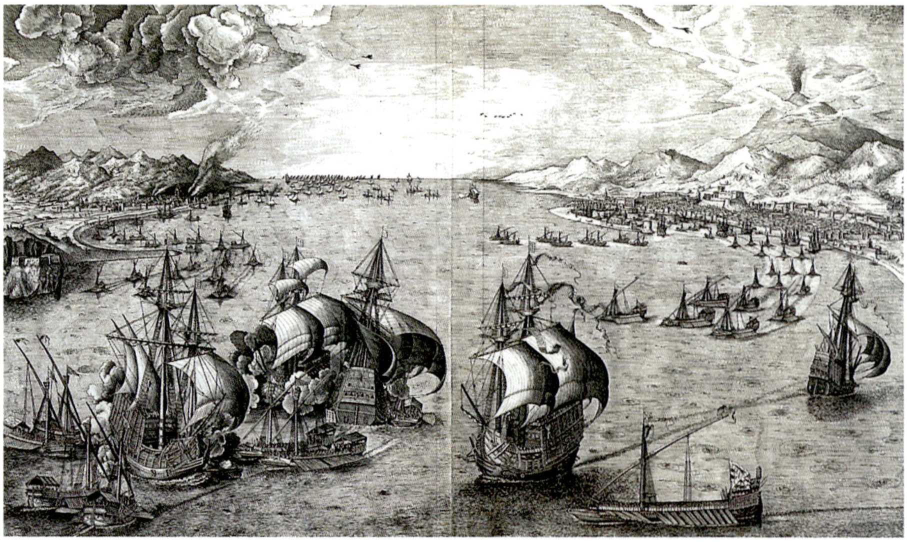

图27 （左图）《墨西拿海峡的海战》，1561年
铜版画，42.5厘米×71.5厘米
乌菲齐美术馆素描和版画陈列室，佛罗伦萨

这是勃鲁盖尔最大的一幅版画作品，通常像地图一样，由两张拼接在一起。最近有一幅小一些的勃鲁盖尔作品出现在世人面前，跟这幅作品很相似，两边的城镇隔海相望，却少了中间的船只。

图28 （对页）《那不勒斯港外的海战》（图26局部）

图中描画的船只有着现代感。有超过十几幅的版画虽然在艺术史上不占据重要位置，但却有勃鲁盖尔的署名。那些画中，军舰和商船几乎占据了全部篇幅，但勃鲁盖尔却没有展现出任何一场历史中的真实战役。

图29 《逃往埃及路上的小憩》，1553/1554年
褐色和红色墨水笔，20.3厘米×28.2厘米
德国柏林国立普鲁士文化遗产图书馆，柏林

圣家族的小憩在中世纪是最成功的宗教主题之一。通常马利亚坐在岸边，约瑟正在牵着驴或者拿食物。勃鲁盖尔的叙述显得并不主要，对人物姿势的重新定义是为了更好地衬托图中的风景。马利亚正在用传统的姿势休息，披风成为了她和婴儿与外界间的界限。约瑟平常得就像是勃鲁盖尔其他画作里的迁徙者。他背对着我们，遥望着远方，为观赏者树立了一个有身份的形象，还可以被认为是显示休息和享受风景之间关系的一个标志。

深入阅读：制图法和风景绘画

图30 扬·维米尔·范·代尔夫特
《作画》（局部），1660—1670年
布面油画，120厘米×100厘米
艺术博物馆，维也纳

克里奥——历史上的缪斯，站在一幅地图前摆好了姿势，地图上标画着荷兰的7个省。这个国家的版图早和后来1581年分裂之后的尼古拉斯·比塞彻的地图不同：图中所示的地理位置在维米尔时代早已成为历史。就算是在作者的图画里地图也作为克里奥身边的一个参照物存在，足以寓言化历史。

在飞机还未发明之前，想要“从高处观看世界”的想法一直就是与大汗淋漓地登山连在一起的。多数画俯景的画家们呈现的都是虚构的景色，就像他们站在塔顶或山峰之巅看到的真情实景一样。勃鲁盖尔小幅作品《两只猴子》（图134）中就用想象的景色当作背景——在斯凯尔特鸟瞰安特卫普，尽管环绕城市的只是平坦的地形。而《扫罗的自决》中环绕的是吉尔博亚山，这是虚构地理环境的代表例子（图73）。不论是勃鲁盖尔还是旧约全书里圣地地图的作者亚伯拉罕·奥特里斯都不曾去过那里。

对一个航海的民族来说，制图是最基本的。不断的航海发现之旅渐渐地填补世界地图上的空白和不精准数据。不仅如此，亚历山大的托勒密（90—168年）所绘制的旧地图一直到16世纪还在被反复印刷。1406年，他的主要作品《地理学》被译成拉丁文。尽管坊间有很多不同的编辑版本甚至还包含了新的地图，可这本书是1475年在维琴察才首次印刷出版的。新的地图图书一直被热切地期待着，这其中不仅仅有实践和商业原因。当然1507年的第一幅地图在那时就是一件收藏品，制图者马丁·瓦尔德泽米勒（1470—1518/1521年）在地图中大体正确地记录了美洲的发现并用意大利航海者美利坚·韦斯普奇（1451—1512年）的名字命名此区域。很多地图都是手工上色，或是寓言点缀，或是用文字铺陈。

除了亚伯拉罕·奥特里斯（1527—1598年）和格哈德·莫卡托（1512—1594年）之外再没有任何人能跟地理学和制图学的急速改变紧密联系在一起。他们俩在安特卫普都有出版商，而安特卫普是16世纪中期六大地图和航海图出版印刷商所在地。在那个时候版权还没有得到重视。于是私自印刷出售成了一项利润丰厚的生意。奥特里斯自己先成为了一个地图贩卖商，尽管所贩卖的地图并不是原版，但他自己作为编辑却从中获得了可观的回报。而真正让他作为制图者身份名利双收的是奥比斯世界地图（1570年），这项人文学的成就也被勃鲁盖尔一直赞叹欣赏。奥特里斯接受的是传统教育，不仅要学习拉丁文、希腊文，还要学习希伯来文。他与欧洲著名的思想家、出版商及神职人员来往的信函是低地人文主义资料的组成部分。虽然众所周知他在宗教信仰上是一个自由派，但在1573年他却被菲利普二世指定为皇家御用制图者。此后他在1577年移居英国一举更是说明他对这个保护光环似乎不是很确定。他声明自己不属于任何教会，但也没有承认自己是无神论者。

亚伯拉罕·奥特里斯早年丧父，年幼的他和母亲继承了父亲的古董生意。作为一个地图绘画者，在1547年他加入了安特卫普圣路加工会，可能就是在那里结识了勃鲁盖尔。很快他就对古钱币产生了兴趣，不仅收藏，也贩卖钱币，后来竟还出版了一本有关钱币的书。在16世纪50年代，他曾多次到意大利做生意，而他的第一幅地图就是在此后的十年里问世的。开始并没有什么与众不同的，因为他们面对的是有市场利用价值的地图材料。但是与此同时他还在进行着一项不凡的大工程——奥比斯世界地图，他的这版世界地图自从1570年开始就一直被再版和增印。这项工作无疑是前无古人之作：地图的格式被标准化了，而且加入了一些地理描述，一些地名也被全面具体化。奥特里斯甚至还用地名来称呼给他提供帮助的同行们。而他们对此的回应也极其有趣。他的这项宏伟的工程在16世纪80年代收到丰厚的回报。对于追寻历史地图的古代地理学家们，这是一个成功，好比希腊人斯特拉波（公元前63年—公元26年），罗马人对他有很高的评价，传统作者经常对他品头论足，并且《圣经》里也经常提起他。在所有的意大利地图里，奥特里斯明显增加了希腊和以色列的重要性，在他的制图中不仅更正了地理位置的偏差，还在世界人文观上对其进行了思考。

他的朋友墨卡托提供了更为精确的地理刻度，进而可根据经纬度确定位置。从导航上说，他提供的刻度一直到1590年才出现，是当时最精准的。可墨卡托并没有为他年轻的朋友考虑，他推迟公布了自己的研究结果。不过从另一方面看，新发现总是被推迟，连奥特里斯地图也是如此，这点足以清楚地说明科学严谨的制图业永远都是慢工出细活，是急不来的。

收藏家们抢手的收藏就是上面提到的大幅壁画地图。纸张的尺寸用对角线衡量，通常在制作过程中决定；纸浆倒入一个木制模子里，由一个人来回移动定型。成型后就是一张大约宽60厘米，长70厘米的纸。可大幅的地图仍然是由多幅纸组合在一起的。尽管如此，对于有些不好驾驭或者易碎的纸张，则是把它们直接黏

着在墙上或是布匹上，这种方法今天非常少见。首要原因当然是黏着过的地图不可能被移动，除非破坏它，第二个原因是胶水本身对纸张也是一种破坏。这种地图经常出现在17世纪房间墙壁的装饰中。地图主题在别墅壁画中也很风行。东方的地毯、挂毯、染色玻璃窗和挂图本身意味着财富，但不同于其他的是，地图还代表着“客观”，是对拥有者智慧和经历的肯定。在这点上维米尔的绘画寓言（图30）无疑是一个很好的例子。

制图学尤其跟历史画有关联。有格言说地理是历史之眼，奥特里斯在世界地图附文的前言中会发现这个观点被详细讨论。历史看起来更容易跟一个地方的历史遗迹风气、精神联系起来，过往的历史成就了今天的名胜。勃鲁盖尔绘画时曾凝视那些无法占领的制高点，奥特里斯在设计世界地图时也把多数从未到达过的地方自然而然地当作真实的地点。他们对世界的观察看起来很接近现代，他们不认为世界是以耶路撒冷和基督为中心的圆盘，总之，他们没有特别地着重于此。对于16世纪社会的集体意识来说，环游地球和重新面对世界版图模型对他们是一个挑战。地狱不再是地球的尽头；而地球也不再被认为是宇宙的中心。在这个探险和发现的时代，追寻原因的时代也来临。这个时代不仅涌现出了乔尔丹诺·布鲁诺（1548—1600年）、伽利略·伽利莱这样的思想家，还有很多艺术家，他们的图画在新旧思想中架起了一座桥梁，让人们在精神上认同了“新世界”的存在。

图31 亚伯拉罕·奥特里斯
《奥比斯新世界地图》，古代世界地图图书，伦敦，1606年（摹本，伦敦，1973年）
德国柏林国立普鲁士文化遗产图书馆，柏林

这幅地图向我们展示了古代人眼中的世界。它是作为附加或者附卷被奥特里斯包含到历史地图中去的。图中的标记都是经过了对原作者和《新约》《旧约》的仔细研究后写上的。在16世纪，因为对大自然意识的觉醒使得图画被作为模子复制，航海发现占据重要地位。

早期油画作品

图32 《播种寓言的风景》(图33局部)

当耶稣站起来开始讲道，他吸引了一大群人，他把一艘小船当作一个漂浮的讲坛。从这幅画现在被“还原”的状况看，耶稣的形象已不可能被找到。他的形象可能在清洁的时候被擦掉了，因为整幅画的上半部分都已面目全非。

在勃鲁盖尔的早期作品中，其实素描和版画比油画更为出彩。这个绘画上的偏好可以追溯到荷兰油画史危机上，勃鲁盖尔和版画出版商的合作在城市知识分子中开创了一个新兴职业，被称为“图画发明者”。可就我们目前所知，在早期被忽视的作品中，还有很多跟《圣经》有关的风景画，一些还在被封存，一些则被用来跟后来默默出现的其貌不扬的多幅或大幅油画作品做比较。尽管如此，从风景画角度看它们却是极其迷人的。比如，早期的绘画《逃往埃及途中的小憩》，不论在颜色上还是氛围上都比后来的油画作品丰富得多。

收藏家们虽然在勃鲁盖尔在世时发现了很多他的镶板油画作品，但在他死后不久才确认出自他手，这些作品由于不符合大众审美中的勃鲁盖尔风格而遗失，如农夫勃鲁盖尔或者“小丑彼得”。那时候安特卫普和布鲁塞尔的新近有钱人特别急于露脸，而勃鲁盖尔的城市景观画、风景画及对传统题目进行现代化的重新演绎让他们很满意。所以有这样一种可能，勃鲁盖尔曾为一位富翁画过素描，而这位富翁在后来一直赞助勃鲁盖尔创作油画。勃鲁盖尔早期的风景画一直占有着承上启下的位置。成分上它们接近约阿希姆·帕蒂尼尔的环球风景画，但人们把它们跟新约中的寓言联系在一起，只是他用了从未有过的方式去描绘。

《播种寓言的风景》(图 33)是勃鲁盖尔最早被署下日期的油画，现存于美国加利福尼亚圣地亚哥。这是一幅群山起伏的风景画，群山陡峭连绵，河水蜿蜒其中。前方的农夫们正在贫瘠的土地上繁忙播种。其他在远处田野和树林里的人们，有的在采摘果实，有的谈笑风生。一个人正在田间放松，缓解劳作带来的压力。真实的物体是关键，《新约》中有关播种的情景只能从背景中看出一些端倪，河边围成一群的人们暗示着基督正在传教(图 32)。他讲道的内容是快乐的福音，图中前方出现的人物印证了这个寓意。早前的说明更多倾向于农耕的寓意，而这也更容易用于说教：寓言中说魔鬼替努力耕作的农夫在田间播种，农夫问上帝该如何处置那些种子，上帝回答他说应该细心照料那些种子直到收获，收获到来那天才是做决定的日子。

寓言的开篇写道——“看呀，播种者向前方播种”——这种寓言风格的句式抓住了人的注意力，因为用寓言的方式说话意味着面对面的对话。勃鲁盖尔企图借他的画对这个“画面”进行重新创造。基督继续道：“他播种时，有些种子散落在垄沟，被飞禽吞食。有些散落在石质土地上，因为没有足够的土壤，马上就会暴露出来；当太阳升起时，它们被阳光烘烤，很快就会枯萎，因为它们没有根。有些散落在荆棘中，突出来的荆棘会把它们扼杀在萌芽中。但那些散落在肥沃土壤中的种子，未来会带给我们果实，而收获有一百倍，有六十倍，也有三十倍。有耳可听者，就应当听。”(马太福音 13，3ff)

勃鲁盖尔更进一步用收获主题把这个经典的故事展开。图中有人正在采摘果实，而在左边地面中央，一个骑马者从一位身穿斗篷、手拿镰刀、正在一整天里忙于收割的农夫身旁经过。播种者把一个破旧的轮子向茅舍前方推进，而在阴影中的垄沟则是一个暗喻：财富之神不会轻易降临。这些场景和图画中的每一个细微之处都使整幅图画的格式平衡，寓意和图画在这里得到重合。可三部分组成的寓言因为一个争论而还在继续，为什么耶稣基督说话总饱含寓意，相比之下旧约中先知门徒的话语虽然智慧但很难理解——救世主尚未到来，种子尚未破土。从基督徒的角度真正理解这句话，意味着随着耶稣美德的降临，《旧约》将被《新约》所替代。

图33 《播种寓言的风景》，1552年（或1557年）
镶板油画，70.2厘米×102厘米
铁姆肯艺术博物馆，圣地亚哥

描绘耶稣的预言和油画在16世纪第一次出现，之前只是描画他生平重要的事件。这是关于玉米从种子到长成无限可能的寓言：种子有时会落到石质的土地上，有时落到垄沟外，有时落到肥沃的土壤里，这一切都是上帝的安排。在左边，一个农民围着播种的围裙在田间行走。矗立在家门口破旧的轮子（财富）仅仅代表了还有一线生机。而在右后方，形成对比的是，有人正蹲在田野旁，无所事事地等待即将收获的庄稼。这个寓言预示着世界是上帝的，喜欢庄稼的人不会永远只收获水果，它督促人们要怀有耐心。

圣马太开始他的第十三章时正和耶稣坐在“海边”。勃鲁盖尔并没有按照字面来诠释这个场景，因为他的画中展示的是一条河流。但他的确画出了“船只”，根据福音记载，他最终“走过去坐下”，那片出乎意料的人群想要听清楚他的话，因此“把他团团围住”，此情此景在《圣经》中多次出现，堪称经典。唉，耶稣身在船中，追寻者的目光却找不到他。不幸的是这个场景在后来修复还原过程中遗失，影响了整幅作品的背景。

在勃鲁盖尔的描写中，讲道和寓言的关系同在一种神秘的气氛下一边展开一边覆盖，并牵扯着整个景观，而它们又特别地为勃鲁盖尔对耶稣形象的轻描淡写作出铺垫。此后他还运用了同样的手法把扫罗和伊卡洛斯移到风景的边缘处。他们的“无力感”给这幅画带来了更多的戏剧性（图73、图112）。在播种者寓言中，最主要的观点是耶稣对带来种子发芽结果的时间启示。风景画和观画者都在等待一个共识的成立，这个共识能把风景藏在寓言之中，把寓言悬挂在场景之上。这时风景本身也就是寓言。

在现存于伦敦的《逃往埃及》这幅画作中，日期从1563年始，这一路上频频经过异教徒的雕像，勃鲁盖尔倒是因此采集了广泛的题材（图35）。沿途所见雕像底部全被掀掉，传说是救世主降临之时所致。跟圣家族为了躲避希律的部队逃往埃及主题有关的一系列作品在16世纪风行一时，尽管福音（马太福音2，13-23）中处理得十分简要。可阿拉伯语耶稣婴孩时期福音和托马太名福音都包含了更多细节。旅途中休息时，玉米的奇迹，还有在逃亡路上经过的那些倒下的异教徒雕像也经常被作为绘画对象。从国王希律的迫害下逃亡是风景画家最初期的绘画主题，历史车轮下的宗教也从不是他们要描绘的，可是带有文化色彩的风景在风格和深度上都有了很大进步，20世纪初出现了一类风景画，被称为“世界风景”。通常，图中的圣母马利亚坐在河边的草地上，旁边的约瑟在一旁忙于琐事。例如，在弗兰芒油画家杰莱德·大卫（1460—1523 年）的一幅小幅作品中，约瑟正在敲打一棵栗子树取食，这幅作品大概从 1520 年开始就一直存于华盛顿国家美术馆。而勃鲁盖尔给予了这幅画主题的唯一一个线索——远离亲人——偶像从路边的圣地坠落。托马太名福音中的两个神迹的影响却都没有被描画出来，帕蒂尼尔仍能把所有要素融合后组成一幅“兼得的图画”。勃鲁盖尔的构图符合风景画整体的要求，用高地作为前瞻平台，在远处尽览广阔景观。勃鲁盖尔会避开使用这种手法的两个危险：他通过风景的意义来突出这个“平台”，把左边的景物后置进多个空间来防止右边远景的突兀感。在远处，他避免过多的接近，因为这会危害到风景画氛围的深度发展，图画空间和观赏者的距离已经够远了，更应该保持小比例图形。

范·曼德对帕蒂尼尔报告说自己是一个专攻风景画的画家，他的形象曾被弗兰芒画家朱斯·范·克利夫（约 1485—1540/1541 年）描画过。这种对风景的专注暗示了在艺术交易领域上产生了急速变革，原先绘画基本没有报酬，而今在市场上竟是按单幅商品标价出卖。在 16 世纪的前 50 年，帕蒂尼尔是最畅销的画家，于是其他画家意识到自己的画也许也有销路。“世界风景”在勃鲁盖尔的《逃往埃及》中可能被忽视，但其实却以很多方式呈现出框架（图 35）。帕蒂尼尔画的石脸，一直重复出现，由此可看出他大概是在迪南附近学习过。大，一直是地面着色所信奉的标准：图画经常被从褐色到绿色再到蓝色构架，从前景到背景过渡。当然，不同的田野和草地，河流和村镇被精心地串在一起形成了吸引人的小细节，仿佛在说“这是适合居住之地”。可我们无从知道它所在何处，只知时节天气罢了。

《绞刑架上的喜鹊》（图 38）经常被认为是晚期的作品，因为图画边有一处带有日期的署名，日期看上去是 1568 年。这个日期很容易就被误以为是不知名者润色时加上去的，因为根据范·曼德曾提到这幅画是作者给妻子的遗产，可推断出作品是在勃鲁盖尔过世前不久才问世的。尽管如此，这种小幅的风景画格式跟陡峭的概貌构图，在时间上应该把它划分到 16 世纪 50 年代的早期风景画之中。

在小幅风景画中，这幅画是一个特例，它接近正方形，勃鲁盖尔却在上面给观赏者提供了不少于六个场景。首先，观赏者的目光落在中间一个大绞刑架上，这把整幅画分成了十分对等的两部分。图左边可以看到三个强健的农夫手挽手正在舞蹈。摆动的挎包、胖子身上的褶皱、红色衬衫的布料形态等细节显示出这是一首节奏欢快的乐曲。在舞蹈者身后，勃鲁盖尔展现了一个风笛手正在路上长途跋涉。从这里开始，目光可能跟着林间小路蜿蜒直到中间的小镇上，不管它的格式有多微小，还是能一眼看到街道上一派繁忙景象。或者，由音乐带领着耳朵从这块小空地直到另外一对舞蹈者和两个背对我们站立的男人中。其中一个男人已经完全被音乐所吸引，脚不由自主地打起拍子。另外一个穿着大红色裤子的男人，正面对着远处的风景。在那边，一条河流在宽阔的山谷中蜿蜒流转，陡峭山崖下的小船正向着村镇驶去，这一切都笼罩在远处的阴霾中。

在绞刑架的右下方，斜坡的底部，有村舍和水车矗立，在后方便是延伸过来的河流与山谷。尽管这幅画大部分是由颜色透视规律所主宰——从褐色到绿色，再到发白的蓝色——哪怕从着色上看其表达也是生动鲜明的。勃鲁盖尔的风格从中可见，尤其是树叶上引人注目的光芒，小路上翻滚的泥土，还有那几处高明的亮色点缀。它们和主宰整幅画的褐色基色调形成了鲜明的对比：白色的上衣，大红色的裤子，闪着光的蓝色围裙，以及白色头巾。还有在地面的中央，勃鲁盖尔在最少的空间里散布了多种颜色，无一不显示出他卓越的构图技巧。

在拥有这么多活力的风景里，那个支撑了周围土地的绞刑架，此时看起来已毫无威胁可言。绞刑架的木头已破旧不堪，预示着这一处刑场即将被遗忘。不管是停歇在上面的喜鹊还是在下面舞蹈的农民，就算是在左前方角落里独自休息的男人都完全看不出他们对绞刑架、死去动物的头颅还有十字架有一丝一毫的畏惧和关心。到目前为止，从远景看还得不到任何结论性的解释。范·曼德建议说：“谁像站在绞刑架上的喜鹊那样喜欢叽叽喳喳，那么最后他也终将被带上绞刑架。”这是一个牵强的解释，因为绞刑架上的喜鹊身边并没有任何危险，就算是舞蹈者的出现都没影响到它。所谓的危险可能来自于勃鲁盖尔的语言词语“死亡之鸟”（图 63，第 116 条），但最终看来，整个风景对此处刑场没有任何负面诠释。

图34 西蒙·贝宁
《轩尼诗小时书》，三月
微型日历
阿尔伯特一世皇家图书馆，布鲁塞尔

系着播种围裙的农民主题跟播种者寓言（马太福音，第十三章）相联系。这幅图画经常会在奠定祈祷书（小时书）中看到，尽管《新约》对此并无相关记载。

图35 （左图）《逃往埃及》，1563年
镶板油画，37.2厘米×55.5厘米
考陶尔德美术馆，伦敦

从主题上看，《逃往埃及》和《无辜者的屠杀》（图83）是有联系的。希律为了阻止预言中新国王的诞生，对所有婴儿痛下杀手，因此圣家族必须从大屠杀的恐怖中逃离。严谨地说，这两幅画其实并没有一点联系。这幅图上并不是冬天，看起来可能是春季或秋季。也没有任何跟埃及有关的事物，尽管路边圣陵中倒下的雕像想要暗示异教徒国家里的基督教。

图36 （下图）约阿希姆·帕蒂尼尔
《逃亡路上的小憩》约公元前1520年
德国柏林国立普鲁士文化遗产图书馆，柏林

帕蒂尼尔的风景画成为了"世界风景"的原型。比如这幅画，他用不同的饱和色对大地进行了重新塑造。"世界风景"一词大概在1900年出现，用来表现那些包含宇宙信仰内容的图画。现在对此短语诠释为代表了一个不断朝圣的世界。观赏者的目光一直在风景中寻找那通往信仰的道路。

图37 （对页）《绞刑架上的喜鹊》（图38局部）

勃鲁盖尔的标题时间很少有在他生前所署的，这幅就是少数中的一个。1604年，范·曼德在《人生》中给此图命名并写道：绞刑架上的鸟代表了恶毒的议论；他说勃鲁盖尔躺在床上即将死亡的时候把这幅油画赠与妻子，想要提醒她要面对的恶毒诽谤。在喜鹊下边，绞刑架下的舞蹈者也是一个带有寓意的人物。

图38 《绞刑架上的喜鹊》，1568年
镶板油画，45.9厘米×50.8厘米
黑森州州立博物馆，达姆施塔特

喜鹊并不是这幅风景画中唯一的主题，它只是在诠释画面时给我们提供了一个始发点："坐在绞刑架上"和"在绞首架上玩耍"相互呼应，这两句众所周知的谚语出现在勃鲁盖尔的《谚语》图中（图63，第82条和第116条）。但图画上的风景感受却和道德意义上的说教背道而驰。

人群之处——神奇的画像

图39 《七美德》之《审慎》，1559年
铜版画，32.2厘米×43厘米
阿尔伯特一世皇家图书馆，布鲁塞尔

比起另外的美德，审慎属于仆人的范围。她站在梯子上，木桶倒在左边家庭作坊前面，右边是在意身体和灵魂健康的一群人。与此同时，她一边撑着口棺材，一边望向镜子——并不是爱慕虚荣，而是为了看清真正的自我。

勃鲁盖尔作品的不同主题一直被平面艺术家、油画家和版画草稿者作为创作专题。对于他大量不同种类的作品来说，这是一个必然的结果，但当我们不计较技术含量而用想象的力量去理解勃鲁盖尔作为一个艺术家的作品及他多方面的才华时，会发现这个结果是存有局限性的。当说到他的绘画时，当然不再仅仅指那些版画和油画上所画的东西，而是指用特别的手法画出来的内在特点。好比早期作为版画卖出的《大景观》系列中就包含了许多重要的特色。勃鲁盖尔在1555年到1557年之间通过海欧纳莫斯·考克出版了《善与恶》，如果不是这第二次大规模的版画作品，我们几乎没办法看懂1560年前后出现的那些带有多重人物形象的杰出作品，而这种多重人物形象的作品被称为“广博的”——如《狂欢节和四旬斋之战》（图56）、《儿童的游戏》（图59）和《弗兰芒谚语》（图62）。

在中世纪，善与恶通常以女人为化身，勃鲁盖尔在一系列的版画中用了很多种方式延伸了这个旧主题。他给每一个主题都赋予了围绕在迷人风景中这个特点，并用新的属性来辨别不同世纪的特点。但用大幅的景观来装饰仍旧是他最重要的一步，而这一步是一个具有灵魂性的特点。希腊哲学家柏拉图（公元前428—公元前347年）曾经描述的四美德（节制、审慎、勇敢和正义）在中世纪又被基督信徒添加了另外三项（信仰、希望和慈悲），从而变成七美德，而相对应的七宗罪则是懒惰、贪婪、嫉妒、傲慢、暴食、愤怒和淫欲。然而，这两组词语都是被后添加上去的，且无须成对排列。在中世纪艺术里，拟人化在教堂里的雕像、书本插图，以及壁画和镶板油画中是极其常见的。

勃鲁盖尔在对人物形象的处理刻画中摒弃了中世纪的局限并解析了日常生活中流传下来关于善恶的寓言。每一个人物形象都拥有不同的面貌，或变着精致的戏法，或带着忧郁的气质和情感。它展示了社会的认知能力，因为恨意更容易被察觉。比如，对爱的缺失，或更进一步说，贪婪是缺少慷慨的结果。

寓言代表的含义丰富，每个被描述的特点填满了整幅画成为风景。所以在《审慎》中（图39），人们站在两间房子中间，正在为冬天和下一个季节的到来储备粮食。在左边，一个老人躺在床上奄奄一息，医生和神父守在床前陪他度过最后的时间。在房子对面，人们正在把腌制的猪肉装入桶里，不同的店铺都在做着储备工作。画中间的女人左手抱着一副棺材，右手拿着一面镜子，她的头上还顶着一个筛子。她有分辨善恶的能力（筛子是暗示），熟悉死亡（棺材），并有自我认知的能力（镜中所示）。“审慎者”站在梯子上，旁边散落着木桶，这些木桶影射勃鲁盖尔在同一系列作品《希望》中的灭火器。在前方，一个尽心做活的女人正在及时地扑灭熊熊炉火。风景图《勇敢》《图44》颂扬了军队的防御力和基督信仰的力量。一座有吊桥和护城河的四面塔楼划定了地表中心，前方装备简单的步行军战士正与黑暗力量斗争；左边的黑洞里还在不断吐怪物出来；对面，女人们正以扫帚、梭子和厨刀为武器打败进攻的野兽。

勃鲁盖尔关于波希主题所画的作品主要都是“恶”。在他早期的很多作品中，波希甚至被命名为此主题的鼻祖。头足类动物、飞鱼，以及穷凶极恶的刑讯室紧密地交替出现。就连画作《审慎》中左边的死亡之床场景在波希的《吝啬鬼之死》中都有遥相呼应之处，此作品现存于华盛顿。在刻版画《愤怒》（图47）中，愤怒的化身从战争之门中涌现出来，剑拔

H. cock excu
PRVDENTIA.
Bruegel Inuentor
SI PRVDENS ESSE CVPIS, IN FVTVRVM PROSPECTVM OSTENDE, ET
QVAE POSSVNT CONTINGERE, ANIMO TVO CVNCTA PROPONE.

图40 《七美德》之《信仰》，1559年
铜版画，32.4厘米×42.8厘米
阿尔伯特一世皇家图书馆，布鲁塞尔

“信仰”站在一个打开的棺材上面，代表着基督复活，他的身后是耶稣受难架。“信仰”这个人物所处的地点是活动仪式众多的教堂、讲道（右）、婚礼（左前方）、洗礼（后方）和交流。

图41 《七美德》之《希望》，1559年
铜版画，32.3厘米×42.7厘米
阿尔伯特一世皇家图书馆，布鲁塞尔

勃鲁盖尔笔下的“希望”抚平了灾难和战败：海难、囚禁、火灾和洪水这些事件过后正是“希望”出现的正确时机。这里的化身有着古老的标志，除了锚之外，还有像镰刀、铲和蜂房一类的农具。这些东西在要沉没的船上加强了对比。“希望”站在浮在海面上的锚上，看起来像是对正在沉没的一切的蔑视。

图42 《七美德》之《慈悲》，1559年
铜版画，32.3厘米×43厘米
阿尔伯特一世皇家图书馆，布鲁塞尔

“慈悲”是一个女人，头上有一只自我牺牲的鹈，手中牵着两个孩童。在左边，面包正在被分发给饥饿的人们，后方，饥渴的人正在大口喝水，在右边，衣物正在被分配，重病的人正在得到治疗。

图43 《七美德》之《公正》，1559年
铜版画，32.4厘米×42.7厘米
阿尔伯特一世皇家图书馆，布鲁塞尔

"公正"是美德中作者明显持有疑问的。他赋予了她传统的标志，蒙着眼睛，一手拿着天平，一手拿着宝剑。尽管如此，在她的周围，军队、行刑、残缺的肢体、严酷的惩罚被有权力者执行，砍头和火刑正在上演。与此同时，左边的律师和书记员们站在那里冷眼旁观着一切。

图44 《七美德》之《勇敢》，1559年
铜版画，32.3厘米×42.9厘米
阿尔伯特一世皇家图书馆，布鲁塞尔

"勇敢"站在一头怪兽身上，已用锁链把它降服。她能量的标志是头顶的石头，她旁边的柱子是正义的代表。这里，抵抗的军队士气大增，不仅仅是这里，从远处到近处都是如此，前方的军人和农夫正在奋起抵抗来袭的猛兽和妖怪。

图45 《七美德》之《节制》，1559年
铜版画，32.3厘米×42.9厘米
阿尔伯特一世皇家图书馆，布鲁塞尔

勃鲁盖尔眼中的"节制"显然是对教育的疑问：阅读和写作，算术和几何，歌唱和演讲，天文和地理全部在她的家中上演。她一手握着牵制自己的缰绳，一手拿着眼镜，头上还顶着一座时钟。

图46《圣安东尼的诱惑》（图4局部）

善与恶通常挨得很近且被当成一对相反的力量。勃鲁盖尔在画这幅《圣安东尼的诱惑》时，也运用了波希的绘画特点增强了对比。圣人在他的树屋外用骷髅和圣经祈祷，一个乐手和一头猪在树屋里安逸地享乐。后面，头足类动物、鱼人、鸟人向着祈祷者逼近，而树上的弩手瞄准着的可不止是带着羽毛的鸟，还有圣安东尼。

弩张，火炬熊熊。追随她的杀人勇士都是半人半兽状。其中两个正抱着一把不伦不类的大号匕首从5个浑身赤裸躺在地上的人身上走过。被放倒的受苦者随处可见，在愤怒之王的帐篷上，两个人正在滚烫的油锅里备受煎熬，树屋里的火堆上正架着一名被火烤的人，在这中间，一个弯着腰的人戴着一顶塌下来的帽子，帽子上还有一根天线，暗示他是权力的代表，他坐在木桶上，杀戮正在进行中。和正义之竿放在一起可能是指正义的流失以及打着公正名义的恶意的暴力惩罚。愤怒的无意义感被简化成右边的“图中图”，一只母狼和一只青蛙正在互相残杀，此情景比其他更复杂的场面还要让人难忘。四处寻不见救世主的踪迹，唯独树屋顶上正要摇响警钟的僧人及左边拿着梯子走向火焰中心的人带了一点点和睦关系的生气。

相对于《七美德》来说，《七宗罪》的内容更加浓重，无论是人物的数量还是重复场景的次数都更胜一筹。建筑物通常都有着人类或者植物的外形，它们的形态会突然转变。善与恶的主题区别显著，显著到可能会被认为不是同一个系列而是完全不同的两个系列组图，应该被分开独立出售。

直到30年前，勃鲁盖尔对油画人物的高雅现实表现手法被运用到一系列的素描人物中，这些人物才把生活中的人作为研究对象。更重要的是，这些素材被命名为“生活”，就是我们见到的《生活素描研究》（图55）。很长时间以来，勃鲁盖尔研究了生活中他身边形形色色的人，他的天分不仅用在了素描底稿上，还用在了改变人物形态上面。在16世纪，荷兰并没有排除偏见为艺术家们直接在户外设立标准场所。德国的阿尔布雷希特·丢勒（1471—1528年）和意大利的莱奥纳多·达·芬奇（1452—1519年）都没有在长椅上记录下名字和日期——即便他们是先导。油画需要封闭的空间和一定时间的创作，年轻的画家们除了学习构图法则还临摹早期大师们的作品。直到17和18世纪，艺术与自然完美衔接的贯彻，成就了真正艺术上的合作关系。直到今天我们才知道《生活素描研究》是后来的一名艺术家出于自身的目的从勃鲁盖尔油画上临摹下来的人物，由此说来，接下来的系列事件事实上与先前猜测是背道而驰的。所以人物旁边的彩色标注不是指服装的真正颜色，而是勃鲁盖尔为了提亮画面更倾向运用的颜色。

《生活素描研究》的重新追溯不仅在勃鲁盖尔的文本上创建了先河，还揭露出艺术史疑点解答的弱势。对于相似度的调查中——如果基于底稿——像勃鲁盖尔这样擅长运用人物形态转换和组合远景图设置的艺术家来说很可能是一种误导。比如，《生活素描研究》中的独立人物形象事实上跟这种手法毫不相干。但是在《善与恶》中，勃鲁盖尔将人物设立在他们周围的环境中；他创造出的风景使场景看起来真实可信。这也正是16世纪多人物油画作品中最主要的成就，而这样的作品通常被拥护者们称为“喧嚣”图。

《狂欢节和四旬斋之战》《儿童的游戏》和《弗兰芒谚语》（图56，图59，图62）这三幅差不多尺寸的作品，由上方看都是许许多多的人物挤在一个局促的空间里。水平线几乎被放到了图的顶部——与所有可能的观画视角都相反——这个点正处在天空左边三英寸的地方。用俯瞰的角度，勃鲁盖尔留有更多的空间给这些人物形象，《善与恶》中的空间设计却没有这个优势。所以，与此不同的是，图画中很难找到重复的场景，人物形象的尺寸向着背景慢慢而平稳地递减。这让人想起古老祭坛壁画上画家们为了让辅助场景有辨识度而叠加背景。最基本的分别在于勃鲁盖尔对待的是整体图画框架，而早期画家们只有能引出主要场景的空间观察点。

这几幅作品的尺寸几乎都是120厘米×160厘米，这样的尺寸在他的作品里是第一次出现，但此后一直被重复使用。古斯塔夫·格鲁克，20世纪上半叶知名维也纳勃鲁盖尔学者，他声称在17世纪这种尺寸被认为是“勃鲁盖尔尺寸”。他寻求解释说这作为一种传统的布匹尺寸，应该追溯到梅赫伦的布画对工匠们的特殊影响，而勃鲁盖尔的岳母就曾是一名工匠。这种布料很薄，用水彩在上面作画，因此能拿来做比较的可靠样品几乎不存在。但那些多人物作品是在木头上画的。画布——尤其是布匹——在勃鲁盖尔的作品中十分罕见。

勃鲁盖尔的多人物作品被描述为“广博的”，因为其中内容丰富并且情景连在一起。他们的出现面面俱到地突出了一个主题。但是，跟广博不同的是，它没有跟观赏者解释任何东西，而我们窥探到的每一处都是作者在跟自己题目所做的游戏。

不管是《儿童的游戏》还是《狂欢节和四旬斋之战》，都没有任何相关出处存在，“广博的”在此是一个误导。在文学和修辞上，有列举法和例子收集法的表现手法，这种多样而丰富的表现方法可以跟勃鲁盖尔的作品相媲美。

图47 《七宗罪》之《愤怒》，1557年
铜版画，32.2厘米×43厘米
乌菲齐美术馆素描和版画陈列室，佛罗伦萨

愤怒带领着一队古怪的武装士兵从她的指挥帐篷里冲向对面一个武装的鱼人。裸露的人挡在中间，不是被撕咬就是被刀切成两半。这幅画中的很多其他情景代表着愤怒和仇恨。只有树屋上的僧人摇起了微不足道的警钟来对抗世间的疯狂。

图48 《七宗罪》之《贪婪》，1557年
铜版画，32.2厘米×42.9厘米
阿尔伯特一世皇家图书馆，布鲁塞尔

贪婪化身为一个穿着考究的女人，正在数着腿上的金币。一个鸟嘴状的生物正在从罐子里倒出更多的钱币。金钱是这幅画一直重复的主题，画面中三个建筑都在遭受抢劫。

图49 《七宗罪》之《懒惰》，1557年
铜版画，32.4厘米×42.8厘米
阿尔伯特一世皇家图书馆，布鲁塞尔

懒惰是一个只披了一匹布的年长者，靠着一只倒在地上的驴子正打着哈欠。周围都是蜗牛。两座大钟，一个在右边的树屋里，另一个在左边以晷的形式出现，却被忽视，丧失了记录工作时间的功能。

图50《七宗罪》之《傲慢》，1557年
铜版画，32.2厘米×42.8厘米
阿尔伯特一世皇家图书馆，布鲁塞尔

跟审慎一样，穿着郑重的傲慢拿着一面镜子，但在这里代表了她的虚荣，并不是自省。她的裙摆，很有心机地超越了旁边孔雀开屏扇尾的直径。在傲慢的前方一只头足类动物也在欣赏镜中的自己。

图51 《七宗罪》之《暴食》，1557年
铜版画，32.4厘米×42.7厘米
阿尔伯特一世皇家图书馆，布鲁塞尔

第一眼看上去暴食在凄惨的周围环境里十分谦卑。圆桌上准备好了饭菜。但后面的巨型老人显然就是一个一触即发的吞食机器。为了使他工作，他被铸进了一间土屋。类似的想法在对面的人头形风车中可以看得到，他的嘴巴被塞满了食物。

图52 《七宗罪》之《嫉妒》，1557年
铜版画，32.3厘米×42.8厘米
阿尔伯特一世皇家图书馆，布鲁塞尔

嫉妒连一只火鸡的出现都不能容忍，就算火鸡是她自己的标志。她的心因嫉妒而枯竭。她倚靠在一棵枯萎的树上，树上挂着孔雀的羽毛。左右两边突兀的鞋子现在还没有诠释：它们的用意可能是和嫉妒形成对比，“给每一个自己”。

图53 《七宗罪》之《淫欲》，1557年
铜版画32.3厘米×42.9厘米
阿尔伯特一世皇家图书馆，布鲁塞尔

荒淫无度比物质上的挥霍还要厉害。树屋中一个裸体的女人正在热吻鱼人，鱼人还在把玩着她的乳房。后面是一个精美的花园，让人想起了波希，旁边是一座亭子和青春之泉。

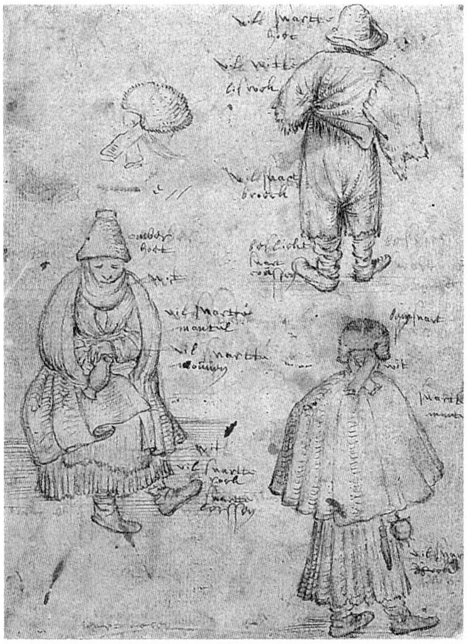

图55 勃鲁盖尔不知名的追随者（柔兰·萨弗里？）《生活素描研究》（局部）
黑色粉笔铅笔勾勒，15.9厘米×9.6厘米
德国柏林国立普鲁士文化遗产图书馆，柏林
题目包含了一组素描——不再归因于勃鲁盖尔——而是在生活中所得（生活素描）。这个想法解释了勃鲁盖尔最初对大自然的研究结果。这20年来人们才得知这些素描是用勃鲁盖尔的作品当作模型的。

图54 《霍博肯·科麦斯》，1559年
铅笔和褐色墨水画，26.5厘米×39.4厘米
考陶尔德美术馆，伦敦

这幅作品展现了一幅乡村市集场面，不仅有运动和庆祝活动，还有集市。卡雷尔·范·曼德在1604年记录勃鲁盖尔经常和他的朋友汉斯·弗兰克特去这样的市集。

图56 《狂欢节和四旬斋之战》，1559年
镶板油画，118厘米×164.5厘米
艺术博物馆，维也纳

狂欢节和四旬斋装扮成骑士的模样冲向对方。憔悴的四旬斋坐在一辆游行小车上，穿着悔罪外衣，以面包铲当武器，与此同时狂欢节手拿烤乳猪坐在酒桶上。相对应的胖子和瘦子的护送者们推着战车驶向对方。整幅画都在寻求两个阵营的合理分布，它们在同时分享如此小的一个广场，而不是一个接一个地进行。

图57 杰拉德·霍伦伯特
《十二月》(局部)
《梅耶的小时书》，羊皮，22.3厘米×16厘米
梅耶博物馆，安特卫普

《十二月》包含了用雪橇和冰壶玩耍的场景，中间是摩羯座的生肖符号。只要有可能，插画者在日历的空白处都描绘了有季节特点的游戏场面。

诙谐地说，荷马时期出现了船只和武器这一编目，而拉伯雷（1494—1553年）在他1535年的同名作品中用卡冈都亚和庞大固埃来罗列事物。不管是他们吃掉的百十盘佳肴，还是玩过的千百种游戏，夸张的表现手法都是在暗示庞大固埃的巨大嚣张的人物形象以及表现作者渊博的知识。拉伯雷担心的是如何通过这些让人沉迷的丰富游戏和有着相同谐音的奇怪名字带给读者们真实的信息。在这部分上，勃鲁盖尔占有优势，因为编目里没有这个特点：跟作家成功之处不同的是，画家可以在同一时间展现很多场景，当然这也是他必须做到的，还要在可行的图画空间里做到真实可信。这就带来了许多自身交叉引用和双关含义的使用。

《狂欢节和四旬斋之战》（图56），取这个名字是因为村庄广场前方的乔斯廷模仿一幕：代表狂欢节的胖子骑在木桶上，驶向代表四旬斋的瘦子，那是一个年老的女人。胖子的拥护者们在后面推动着木桶爬犁，瘦女人坐在教堂的栖息椅上，下面是游行用的手推车，一个僧人和修女正在推它。交锋之时，他们的武器是食物和餐具。胖子拿着一根烧烤棍，瘦女人握着面包铲。在前方，表面上的对比可以看成是两个人物之间的战争，右边虔诚的一派和左边享乐的一派。在圣灰星期三，大吃大喝的狂欢结束，禁食的日子开始。但在勃鲁盖尔的绘画里，教堂的斋戒日并不被接受。再往后看，世俗常规的对立代表处处可见，他们对前方正在发生的毫无意义的事件无动于衷。这个场景处在不规则的村庄广场上，空间在旅馆和教堂之间打开扩展到前方。地表是未铺砌的泥土地，呈现出不同深浅的褐色，决定了整幅图的情绪色调。这宽阔的空间并没有根据中心透视法则来构建。显然勃鲁盖尔不像那些意大利大师们一样专注于描绘铺砌完的广场，尽管他在旅途中曾见识过许许多多。建筑物只在画面边缘处树立，看起来把浅颜色的中心包裹住。广场的中央，也是整幅画的中心，是一口井，被周围的人物团团围住。

除了种类多样的一部分祭祀食品之外，还有勃鲁盖尔用来加强对比的游戏和风俗场景。禁食一派中会发现鱼、海虹、椒盐脆饼、粥，以及面团饼；而鸡蛋、薄烤饼、松饼和肉则追随着狂欢大王。教堂之外乞讨、募捐，以及各种各样的忏悔者排列成队；祭祀品正在被售卖；一些人物正在祈祷，另外一些手拿树枝，向头顶撒灰。广场另外一头的旅馆前方尽是松饼和游戏的集会，还有化装舞会以及带有舞蹈和音乐的滑稽戏。画中也有少数的旁观者并不在乎身边正在发生的一切——他们靠着旅馆的窗户。因为旁观者并不是主要的，所以留给我们无限想象的空间，可能是认为对从盛宴到斋戒时间上转变的藐视是一种身体力行的表现，也可能认为不遵守世俗规则，享乐者不管四旬斋的开始和教堂的要求仍然大吃大喝才是真正的“灾难”。事实上，这样的冲突在勃鲁盖尔的时期非常普遍，而且在狂欢节时暴力对抗早已不再是一个算计好的游戏或一场身体力行的表演。

在水井和松饼烤炉中间，两个人正穿过广场上颜色最浅的地方，引领出画中在大庭广众之下拿着火把的小丑。被浪费的火源（烛火）在前方狂欢之列中也有出现，其中一根蜡烛卡在扫把中，另外一个拿着蜡烛的人正把手臂举得更高。对比起来，阴沉的教堂里没有一丝光，梁柱上的壁灯被小心地覆盖起来。井边一对人的表现有很多种诠释，他们背对着前方正在发生的事件，是旁观者表现的一个标识或反应，他们无法在左和右中间做决定，他们需要的是在盛宴和斋戒中合理的平衡。拿着火把的小丑无疑是向着狂欢一派去的，就像巫术学者塞巴斯蒂安·弗兰克（1499—1542/1543年）1534年在《世界之书》中所写：“忏悔星期二伴随着火把和灯笼，可悲地哭泣着：忏悔星期二要去往何处？”的确，小丑走向了左边的旅馆。只有那一对人带着低垂的目光注视着中央。

从《狂欢节和四旬斋之战》到《儿童的游

戏》(图 59),游戏、杂耍和庆祝提供了主题的线索,这两幅作品现存于维也纳。跟《儿童的游戏》题目相反,画中所示并不只是儿童,因为大人们也很热衷于小孩子的玩具,而孩童也不止是玩耍游戏。游戏和乐趣的界线很广泛,从体育运动和竞技,到传统木偶玩具和木马,甚至是冒充大人和恶意的捉弄。尽管《儿童的游戏》中俯瞰的视角和《狂欢节和四旬斋之战》很相似,但它的建立更严格,除了对游戏的描画不同,广场上人物的分布也没有那么局促,到处都是混合的个体和大批人群,但像《狂欢节和四旬斋之战》里经常出现的围成一圈的人群,在这里却毫无踪迹。沙土地只在房屋投下的阴影处加深颜色,给人带来安宁的感觉。一个引人注目的特点是顶部宽阔街道的长度,以对角线向右对着远处可见的塔楼或城门一直延伸上去。玩耍的场景几乎充满了整个空间,拓展到远处的街道上。勃鲁盖尔似乎很害怕留有余地,他可能对空白有很大的恐惧,就像俗语说的"空间恐惧"。

一旦走入单独的游戏中,那种安宁的感觉就会马上消失。我们不能总是很明确地看出玩游戏的究竟是大人还是孩童,虽然几乎所有的游戏都是儿童的游戏。但从成年人的习惯中可以分辨一二,比如左边红色围栏边儿童正在扮家家酒,还有纸牌游戏和带有赌注的游戏。所有孩童的脑袋都是圆的,且都有胖脸颊。男孩和女孩通常通过头巾和短发就可区分开。尽管如此,他们的脸孔看起来并不年轻,更像是微型的成年人。在勃鲁盖尔的多人物作品中,他着重系统化了人物会做什么样的动作;虽然脸型和五官特征被重复使用,但百变的衣着和身体形态却显现出不同的个体。

曾有人试图把《儿童的游戏》理解为一个季节的主题,好比《狂欢节和四旬斋之战》,并把他们作为一个系列来介绍。提出这个主张是因为发现它们的时期和月份与《小时书》中的日历相对应。只有达到小康生活水平的人才会拥有这种包含祈祷文和《圣经》文本的书籍。序言中万年历的插图越是奢侈,它的价钱就越是昂贵。少量书籍里每个月份都在页边处镶嵌游戏场景,这(图 57,图 58)显然跟勃鲁盖尔的场景很相似。在文学上,童年被认为是人生中的春天,而游戏则是最明显的标志。但作为用来重现一年中季节的假定系列,比如后面的《月份》(图 95—图 103),却没有合理呼应的机会。就算对《狂欢节和四旬斋之战》而言,它是一年中的一个特定日子,但《儿童的游戏》一图完全跟它不搭边。所以,从图的整体来寻找概念的想法,很久以前就被放弃了。取而代之的是,这两幅画被认为能满足观赏者好奇的眼光:从无穷无尽的细节描画中得到的是百变和丰富感(图 60)。

勃鲁盖尔的《弗兰芒谚语》(存于柏林)里面的场景和《狂欢节和四旬斋之战》《儿童的游戏》一样丰富多彩,而跟以前作品相似的是作者又一次采用了高置水平线的方法(图 62)。但从建筑和风景的构造角度看,这幅画更加复杂。画中在海岸旁建造了交错复杂、梦幻的建筑物,一半村庄,一半城镇,居然还有田野、树林和大海的存在——延展了自身的世界。预言式的事件决定了空间感。前方的场景是小的装饰和细节,因此可以被设计成几乎独立的环境:"在野猪面前扔玫瑰(珍珠)",意思是做无用之功,"给人穿蓝衣"(出轨)。但对于谚语"用你的脑袋穿墙"(走自己的路),勃鲁盖尔设立了一堵分开的墙。这句谚语很夸张,因为说着这句话的任性的家伙想要纵向穿过墙壁。他右手中的匕首强调了对于想要达成的事情做出盲目的努力,而自己却毫不知晓。在这种言过其实中,描画了对夸张无目的的茫然不知晓,以及因为其他原因已经失败后的枉然,这条教导表明了寓言把智慧融进了喜剧的色彩。那个时代这类语言幽默的概要是以蒂尔·奥伊伦斯皮格尔的形象为基础的,他每日把学生们笨拙的理解所激起的愤怒都用文字记录下来。"脑袋穿墙"人最直接的语境就是从中交叉引用而来。那人穿着围裙,举个例子,

图58 杰拉德·霍伦伯特
《二月》(局部图)
《梅耶的小时书》,羊皮,22.3厘米×16厘米
梅耶博物馆,安特卫普

游戏是用灰色这一单色描画出来的,图中色彩的范围减少到最基本的颜色,几乎都是赭色,剩下不同程度的黑白色调。因此给人的感觉好像是涂裾,在这里正好被放到上方的页眉上。图中的场景描绘了一群玩铁环的孩子们。

图59 《儿童的游戏》，1560年
镶板油画，116厘米×161厘米
艺术博物馆，维也纳

童年是近代的产物，因此当我们看到图中有很多像小大人一样跑来跑去的孩子时不必吃惊，而且游戏的内容也跨越了不同的年龄层。一部分游戏好的地方在于它表达了一个虚拟的成人世界；不同场景中出现了玩具，另外一些则是体育竞技和在街道上进行的徒手游戏。在这里，这幅作品也被认为是根据季节排列的一系列油画。但是却没有能跟这幅画联系在一起的其他画作可以组成一个系列。这幅作品在油画史上是举世无双的。

图60《儿童的游戏》（图59解析）

1. 五子棋
2. 抹布卷
3. 儿童教堂，即兴坛
4. 化装舞会（精美的服装）
5. 摇摆舞
6. 旋转螺母，溜溜球
7. 吹肥皂泡
8. 抢帽子
9. 驯鸟
10. 砖狗
11. 陀螺仪
12. 水枪
13. 鸟和鸟屋
14. 单独的洗礼游行
15. 骑竹马
16. 敲鼓吹号
17. 搅屎（然后用棍子吓唬人？）
18. 滚铁环
19. 吹气球（猪或牛的内胆）
20. 扮商店
21. 霍西霍西（骑马打仗）
22. 墩屁墩
23. 掷飞刀
24. 砌水井
25. 骑木桶
26. 对着木桶里叫喊（听回声）
27. 捉迷藏（中世纪版本）
28. 猜奇偶游戏
29. 拉锯战（骑在马上）
30. 蛙跳
31. 执行笞刑（和用鞭子惩罚相似）
32. 体操，手倒立，前滚翻
33. 坐在/骑在栅栏上
34. 举行婚礼（五月新娘）
35. 找鸡蛋（跟找锅相似，一个人蒙住眼睛，拿一根棍子，找到了就用棍子敲打）
36. 踩高跷
37. “走月”（结手帕游戏或淘苯蛋的变种）
38. 扯头发
39. 抓昆虫
40. 抱着大面包的孩子
41. 吊口袋
42. 投坚果
43. 单杠上的体操
44. 平衡
45. 背人
46. 霸王鞭
47. 小风车
48. 沙坑
49. 站在沙包上扮国王
50. 穿裙子转圈圈
51. 游泳
52. 爬树
53. “妈妈，妈妈，你的孩子在哪里？”
54. 滚木球
55. 抽陀螺
56. 彩带游戏或假装钓鱼
57. 恶作剧游戏，把鞋子和其他物品吊在窗户外面
58. 撞柱（九瓶）
59. 另一种形式的冰球？
60. 球进洞
61. 抢椅子
62. 爬墙
63. 摔跤，也许真的是在打架
64. 掷硬币（对着墙壁扔，这样可以扔在先前扔的硬币上）
65. 帽子游戏
66. 儿童游行
67. 搭载游戏
68. 唱歌鼓掌游戏
69. 火车游戏
70. 推凳子
71. 扮工匠
72. 在肩上背东西
73. 狐狸进洞（或者类似的）
74. 扫帚游戏
75. 仲夏篝火

墙左边是正在等待被宰杀的母猪。勃鲁盖尔的一种能力是熟练地引领观赏者的目光，然后在寓言和真相之间设立出难分真假的关联。为什么屠夫不待在母猪旁边？这条关联的锁链是作者设计好直指寓言中心的，“工匠，坚持到最后”。

如果有对情景含义的基本理解的对照清单的话，也只能停留在初级的内容上，因为它们自己就能产生无数的含义。这中间确是勃鲁盖尔与几乎同一时期的弗兰斯·哈根伯格的刻版画的基本差别，他用一种更轻松的方式来表现，并在旁边列出解释。现在还不知道这两幅作品是否跟修辞联谊赛有关系，如果是，他们到了哪个等级？“修辞院”（原文为荷兰语）是15世纪后在荷兰建立的一个机构，每年组织射箭联谊和其他节日活动。这些被统称为“修辞节”，成员们就事先定好的题目准备作品。评审团最终决定谁是最好的修辞。

死亡和地狱是勃鲁盖尔在1562年到1563年间最基本的主题。这段时期刚好在他搬到布鲁塞尔之前，那时他刚结婚并初为人父。以前作品中的景物的安宁感和叠加风格的表达方法不见了。被创作出来的作品——都是等同的尺寸——中夸张的动作和浓重的色彩带给人一种不可抵抗的暴力感。早期的作品并没有有意避免灾难和不幸的场面，但它们被简单地合并在事物过程中。如果《狂欢节和四旬斋之战》中原本右前方有一具尸体（由于后来的着色我们现在只能辨认出臀部和两条腿上面的衣服），这一幕可能在古时候经常可见，表现出了生存和死亡之间的平衡。在地狱图画中，恐惧占主导位置，而这些恐惧来自于不再赞扬世界的美好或是来自于对堕入地狱的恐惧。

现存于马德里的《死神的胜利》，表现了一处荒凉的海岸线上，正在燃烧和覆没的船只（图64）。仅存的几棵树木早已枯萎，或者被当作死神的丧钟，或者被当作行刑的工具。在前方，死神统领着全副武装的骷髅营，已经准备就绪。在右边，两支相似的部队，举着用棺材板组成的盾墙守住通向地狱的入口，而地狱的入口更像是一口巨大的木质棺材。左前方的国王，被示意要在沙漏漏完之前站起来行走，否则将被被骷髅抬着进入。与此同时，另一名骷髅正在席卷皇家的宝藏。后方跟着一辆马车，车上装满了骷髅头。车从左到右行驶，引领带动一列的游行队伍通向黑暗世界，哪怕是右前方的桌子也给予着死神盘踞的力量：纸牌游戏已经结束，但是一个小丑却还隐藏在桌子底下，两个年轻的骑士正挥舞着手中的剑，正前方一个贵族正在弹着鲁特琴吟唱小夜曲——他也许没注意到或是根本就不在意他身后拿着手风琴的骷髅。

这幅画并不只是对死亡的象征的描画。如果是那样，应该充满了镰刀和沙漏这些最广泛传统的死亡元素。勃鲁盖尔清晰地描画了许多十分暴力的死亡场面。画面中间是被淹死的人，前方是正在被割喉的，右边山丘上是被吊死和斩首的；弓箭和长矛无处不在，镰刀却被当作是防身的武器。唯一看起来是正常死亡的一具尸体——因为它躺在棺材里，周围燃着烛火——正在被三个修道院僧人打扮的骷髅无情地从另一具尸体上拽过。

现存于布鲁塞尔的比利时皇家博物馆中的《堕落天使》（1562年）里面的半鱼半鸟生物是最接近波希图画的（图65）。图中米迦勒正在制止路西法的谋反，已堕落的天使们围绕在旁。在他们纵身一跃之时，众生轮即被打破顺序，上下摇摆。这种描画方式从地狱图中可见一斑，但此图却没有占据很多空间和注意力。只有波希的三联图（现存于维也纳艺术学院）能显示出无穷尽的奇妙生物之间的内在联系。而勃鲁盖尔正与主流背道而驰，因此当他的这幅作品与弗兰斯·弗洛里斯（1519/1520—1570年）的《堕落天使》（图61）相比较时，更凸显出勃鲁盖尔的品位。

在创作《尼斯和圣雅各》（1564年）时，勃鲁盖尔把上下图更艺术地交织在一起。使徒圣雅各出现在左边的教堂或者皇宫门外，他前面来往穿梭着各种旅人和戏班。很多特点都在说明这是一个给游走艺人和戏班进修的学校。在右边有很多桌子，上面堆叠着椅子，形成一个可攀爬可练习平衡的设备。尼斯，身披斗篷，头戴毛皮尖帽，站在助手中间，正大头向前纵身跃到地上。他的旁边、身后还有头顶无处不是妖怪，对他的魔力置若罔闻。《黄金传说》是中世纪描写圣徒生活的最重要的书籍，里面记载了他被绑起来带到圣雅各面前，最后被迫归顺。为了保护他跟“愤怒的妖怪”斗争，圣雅各把自己的信徒交给他。

《疯狂的梅格》（图67）是勃鲁盖尔唯一一幅根据民间人物所取名的作品。这幅作品是在1562—1563年创作的。与大多数他的作品一样，画上的日期已经完全辨认不出，并且其中两个起着决定性作用的人物也不见了。尽管如此，《疯狂的梅格》的创作时间跟《堕落天使》的时间有极大可能十分相近。主要人物

图61 弗兰斯·弗洛里斯
《堕落天使》（局部），1554年
镶板油画，308厘米×220厘米
皇家艺术博物馆，安特卫普

弗兰斯·弗洛里斯在罗马生活了很长时间，他回到安特卫普之后建立了一个意大利风格的工作室，是勃鲁盖尔的竞争对手。他们住在同一个城市，而且是同一类型收藏家喜欢的风格。《堕落天使》的主题在反宗教改革运动中尤其重要：它是在庆祝天主教堂战胜了异教徒和其他改革的教堂。

图62《弗兰芒谚语》，1559年
镶板油画，117.5厘米×163.5厘米
德国柏林国立普鲁士文化遗产图书馆，柏林

对这些谚语的描画是勃鲁盖尔的一项革新。这些谚语在演讲中很流行，但早期谚语书的例子和轮流演讲里的插图表明绘画语言也可以被当作一种独特的类型。勃鲁盖尔涵盖了超过100个谚语，但“乱七八糟的世界”这一主题一直重复上演，因此这幅画里采用了很多次这个主题。在农夫房屋外左前方，一个倒挂的地球仪仿佛是旅馆的标志。

1
2
3
4
5
6
7
8
9
10
11
12
13
14
15
16
17
18
19
20
21
22
23
24
25
26
27
28
29
30
31
32
33
34
35
36
37
38
39
40
41
42
43
44
45
46
47
48
49
50
51
52
53
54
55
56
57
58
59
60
61
62
63
64
65
66
67
68
69
70
71
72
73
74
75
76
77
78
79
80
81
82
83
84
85
86
87
88
89
90
91
92
93
94
95
96
97
98
99
100
101
102
103
104
105
106
107
108
109
110
111
112
113
114
115
116
117
118
119

图63 《寓言》(图62解析)

1. 房顶上盖满了面团饼(丰裕，安居乐业的景象)
2. 在扫帚下结婚(没有教堂的保佑和祝福)
3. 扫帚在外面(主人不在家，所以可以为所欲为了——猫不在，老鼠满地跑)
4. 从指缝中看出去(对事情很确定，因此不当回事)
5. 把刀挂起来(挑战)
6. 把木屐摆上(空等待)
7. 摸鼻子(欺骗)
8. 骰子掷出去了(已成定局)
9. 傻瓜有好牌在手
10. 就看牌如何落下了
11. 对全世界拉屎(蔑视)
12. 乱七八糟的世界(事实不是如此)
13. 剪刀中的眼睛(不诚实地获得)
14. 把蛋放在鸟窝里(未雨绸缪)
15. 把牙缠起来(看起来无害，但是被挂起来)
16. 对着月亮小便(企图或者已经尝试一些不可能的事情)
17. 老房顶总是需要修补
18. 屋顶上有木板(偷听者——隔墙有耳)
19. 挂在外面的壶(用便壶代替啤酒杯作为旅馆的标志)
20. 给傻瓜修面不用肥皂(嘲笑人)
21. 长出窗外(真理向往阳光)
22. 两个傻瓜戴一顶帽子(傻子喜欢有人陪伴)
23. 射完了所有的箭(没留余地)
24. 把魔鬼绑在座垫上(凡事皆有可能)
25. 咬柱子(掩饰)
26. 她一手拿着火，一手拿着水(假意)
27. 煎鲱鱼取卵(小甜头)，或者鲱鱼还没有煎好(做事情前没有计划)
28. 头上戴锅盖(?)
29. 他身上的东西比鱼多多了(没想到的高深)，或者鱼被挂起来烤(错误是有后果的)
30. 坐在两坨屎中间或者坐在灰烬中(做不了决定，达不成任何结果)
31. 烟伤不了铁(不要无的放矢)
32. 纺锤落入了灰烬中(全部丢失了)
33. 如果你让狗进来，它会钻到橱柜里(被罚站，并无人探望)
34. 母猪正在拔塞子(行政失当)
35. 用头撞墙(做无用功)或者用头穿墙(不屈不挠)
36. 武器在手
37. 在猫身上系铃铛(做事情太张扬)
38. 牙咬着刀，或者吃铁(大块头且强壮的人)
39. 试探母鸡(过早费神)
40. 啃骨头(微薄的食物或者是一贯作风)
41. 剪子被吊起来了(扒手，者骗子)
42. 用两张嘴说话(分叉的舌头)
43. 一个人剪羊毛，一个人剪猪毛(同一个工作收获不同)
44. 尖叫声大，羊毛少
45. 剪但不要意气用事(不做赔本生意)
46. 像羊一样有耐心
47. 往线棒上缠线(或者是像鹦鹉学舌一样传递恶意的是非)
48. 确保没有黑狗挡路(可能是错的)，或者只要两个女人在一起，狗吠声都听不到了
49. 用篮子装光(浪费时间)
50. 点燃魔鬼的蜡烛(奉承所有人)
51. 向魔鬼表白(向敌人泄密)
52. 吹耳朵(?)(阴谋家，策划者)
53. 鹤邀请狐狸吃晚餐(邀请骗子)
54. 空着的盘子很招人喜欢……(做事不能靠感觉)
55. 菸篱(?)
56. 记账(有一个黑色标记对着他)
57. 把淹死牛的井填了(马发疯之后要把门锁好)
58. 把全世界玩弄于股掌之间(强权)
59. 轮子中的车辐
60. 不折腾，不会达到目的(哪里都有麻烦事在)
61. 给基督(上帝?)戴假胡子(假想的骗子)
62. 在猪面前扔玫瑰(珍珠)(暴殄天物)
63. 她在往自己的丈夫身上盖蓝衣(出轨戴绿帽)
64. 猪的肚子被刺穿了(已经做了决定没有挽回的余地了)
65. 两只狗很少能就同一根骨头达成一致(贪婪和嫉妒)
66. 坐在烧红的煤炭上(猫坐在热砖头上)
67. 烤串上的肉应该涂上油，或者是向着火小便是健康的，或者是他的火已经被浇灭了
68. 没有能被他用的肉串
69. 徒手抓鱼(狡猾，让别人劳动，自己占有成果)
70. 为了胡瓜鱼丢了鳕鱼(没有意义且明显是一个亏本的行为)
71. 掉进竹筐里(失败)
72. 吊在天堂和人世之间(处在一个尴尬的位置，很难下决定)
73. 拿走鸡下的蛋却留下鹅下的(做了错误的决定)
74. 在烤炉上打哈欠(无用)
75. 吃了上顿没下顿(很穷困)
76. 找斧头(找架吵)
77. 他打着灯笼(他可以发光)
78. 如果你把粥都洒出去了，那么你救不了任何东西(有时是太迟了)
79. 他们正在角力(每人都在寻找对自己有利的)
80. 爱存在于钱包在的地方
81. 把一个人暴露在灯光之下，或者没有人会到炉子里找人，除非是他自己进去的(心中有邪念的人认为他人也有邪念)
82. 在颈手枷上玩(已经成为被告的人不应该过多地注意自己)
83. 从牛身上跌到屁股上(做坏生意)
84. 乞讨者在门口遇到另一个乞讨者已经在了，觉得很失望
85. 只有通过橡木板中间的洞才能看穿过去(他看起来是在进行一项奇迹)
86. 靠着门摇后背的痒(克服或藐视一切)
87. 他背着他的小行李(每个人都有自己的负担)
88. 他亲吻戒指(假意的尊敬)
89. 渔网后面的鱼(错过了机会，已经完了)
90. 大鱼吃小鱼
91. 他因为太阳照进水里的光芒沮丧(怨恨)
92. 扔钱到水里(浪费)
93. 同一个茅坑拉屎(亲密无间的同伴)
94. 挂在那像沟渠旁的外屋一样(很明显)
95. 一巴掌打死两只苍蝇(一石二鸟)
96. 看鹤(浪费时间)
97. 看羽毛识鸟
98. 看风挂斗篷(顺风航行)
99. 把羽毛抖向风中(自由的工作)
100. 别人身上的皮做出来的皮带才是好的(用别人的东西更容易慷慨)
101. 一直往壶里装水最终壶会破(每件事都有极限)
102. 抓鳗鱼抓尾巴(注定要失败的事情)
103. 他把自己的习惯公布于众(一个全新的不可预知的开始)
104. 逆流而上是艰难的(顺流更容易)
105. 他能看到狗熊跳舞(饥饿产生的幻觉?);或者狗熊喜欢彼此为伴(不像人类)
106. 他跑得好像裤子着了火(惊慌);或者吃了火会拉出火花来(种瓜得瓜种豆得豆)
107. 如果大门敞开，猪就会跑到庄稼地里，如果庄稼减少了，猪就多了(塞翁失马焉知非福)
108. 自己有瓦遮头就不管别人家是否着火(只顾自己的利益)
109. 有裂缝的墙很快就会倒塌(坏的结果已经可以预见)
110. 顺着风行船更容易(容易的成功)
111. 航行时要带着一双好眼睛(观察仔细)
112. 谁知道为什么鹅都赤脚?(任何事情都有原因)，如果我没有要去做一个放鹅的，那么就由鹅们去吧
113. 马拉粪没什么大不了的(不必放在心上)
114. 他在把圆木磨尖(无意义的钻牛角尖)
115. 恐惧能让老人奔跑起来(需要把不可能变为可能)
116. 在绞刑架上拉屎(无所畏惧;坐在绞刑架上的鸟终会被粘在上面)
117. 乌鸦吃腐肉
118. 盲人给盲人带路，两人都会被绊倒(一个人该清楚应该相信谁)
119. 未曾见到教堂和塔楼旅行就还没有结束(不要叫得太早)

图64（上图）《死神的胜利》
镶板油画，117厘米×162厘米
普拉多国家博物馆，马德里

勃鲁盖尔对死亡场面的描画表达了他对死亡的观点：沙漏，骷髅，棺材，十字架，以及各种方式的死亡。被淹死或者被折磨的场面一幕接一幕，被杀死的，老死的，各种各样的刑罚到处上演。那些对死亡毫无感觉的人恰是那些在玩傻瓜游戏的人。

图65（对页，上图）《堕落天使》，1562年
镶板油画，117厘米×162厘米
比利时皇家博物馆，布鲁塞尔

路西法把自己当成了上帝，他的堕落成为16世纪正义胜利的缩影。多数情况下跟背叛者相对立的胜利者是米迦勒。但不同于弗洛里斯的勇士（图61）的是，勃鲁盖尔最高处的天使是光明。

图66（对页，下图）《尼斯和圣雅各》，1564年
褐色墨水钢笔画，22.3厘米×29.6厘米
皇家美术馆，阿姆斯特丹

丹尼斯是一名魔术师。圣雅各把他带回到正途上，尼斯才可能借助圣雅各的力量坚持住信仰。

梅格的外形看上去是一名市场供应商，但实际上她手中拿的都是掠夺来的财物。她身着护胸甲，右手持剑。她左胳膊上挎着两个装满的篮子，与此同时戴着护甲的手正兜着装满货物的围裙。她的腋下还夹着一个小珠宝盒或是藏宝箱。她的所作所为正应了弗兰芒的一句谚语：“她居然能从地狱的嘴里抢东西。”梅格是玛格丽特的简短称呼，但可以用来指任何喜欢争吵的女性。地狱之口在这幅画里出现了两次：左边主要人物后方巨型鱼类生物的嘴巴，还有右边桥上那群占领了大路的妇女们。后者正在变成“疯狂的梅格”——从地狱的嘴里抢夺，应该被理解为损人来利己。这并不是错误的，因为可以把梅格周围的整体景色当成是这个女人和她人物形象的视觉延伸的一个呼应。跟《死神的胜利》不同，这幅画中勇气和恐怖保持着平衡，因为毕竟题目中那个主要人物正带着她的赃物向着左边逃离。

RVEGEL ·M·D·XLIIII

图67《疯狂的梅格》，1562年
镶板油画，117.4厘米×162厘米
梅耶博物馆，安特卫普

神奇的人物梅格一直被融合到很广泛的流行故事、传说、童话甚至是历史杜撰中，但目前她还没有一个真实的面目。一个关于她的说法是“从地狱里抢夺”，意思是她发死人财。很明显她穿着易于逃跑的靴子，就算是年代不明也能知道她绝不是一个英雄人物。

深入阅读：16世纪的修辞学和语言学

图68 小汉斯·霍尔拜因
《菲利普·梅兰西顿》，约1535年
油版画，直径9.5厘米
下萨克森州立博物馆，汉诺威

菲利普·梅兰西顿（希腊语真名翻译为斯沃特泽德）生于1497年，死于1560年，1516年起担任威登堡大学希腊语教授。他主张学习希伯来语，并推广一段基督教与犹太教间的对话。他在修辞学和辩证法上的造诣使他成为第一个把马丁·路德宗教改革系统化的人。正如伊拉斯谟和路德一样，语言学和评论是他学术的基础。他翻译了许多古代作家的作品并出版了对他们作品的注释书。

图69 小汉斯·霍尔拜因
《鹿特丹的伊拉斯谟》，1523年
纸裱松本，36.8厘米×30.5厘米
巴塞尔美术馆公共艺术品收藏区，巴塞尔

德西德里乌斯·伊拉斯谟从1496年起被人称作伊拉斯谟，他生于1466/1469年，死于1536年，是北方人文主义的领导者。他是一个被任命的教士，之后到巴黎、伦敦和意大利学习，在1506年成为神学博士。他在1500年前后成名，这要归功于他的谚语合集《箴言录》和谴责陈旧腐化的教会的《愚人颂》。1516年在路德翻译的圣经版本基础上，他出版的希腊语版《新约》给他带来了学术上的荣耀。从16世纪20年代开始，伊拉斯谟努力和革新派划清界限，希望能保留一个和谐的基督教会。

古时候，公共场合演说中的修辞有它明确的思想规则，这种修辞被认为是一种可以在艺术和精准科学上得到应用的基础科学。传授的规则包括该提出什么样的问题，以及如何解答它们。16世纪的油画在现今通常被诠释为修辞学上的理念和观念的转变，这些理念和转变是从经典的古风上演变下来的。一些画家从艺术论战中提取了很多明确的修辞法则。在研究比较了勃鲁盖尔画中的人物之后，人们发现有寓意的图画和尖锐的象征手法是他作品共有的特点，在《善与恶》系列（图39—图53）中他极大限度地运用了各种象征符号，而在《伊卡洛斯的坠落》（图112）和《圣保罗的转变》（图74）中他用极为简洁的方式介绍了古修辞中的内容。在《列队的骑兵》（图76）中，勃鲁盖尔虽然忠诚地保留了像悲伤的马利亚这样的主题，但他却给出了一个全新的理解。

综观勃鲁盖尔所在时期的文学和修辞学，可以预见针对某个主题的独立象征这个不成熟的结论。勃鲁盖尔绘画世界里的许多细节都表现出对传统的、有着明显中世纪象征符号规则的诠释。在16世纪，象征符号及其释义占据了画风转变的进程，换句话说，他作品中的现代感显而易见。而那个时期文人们的改变也影响了他。

创作新寓言或者了解已存在的寓言可以从文字中找到象征的代表，也可以在图画的注释中找到释义。这是从文字或图画中挖掘多重含义的过程，这种方法是从古希腊流传而来的。在中世纪的神学中，它成为诠释《圣经》最为有力的一种方法，目的是把犹太教的《旧约》融入基督教《新约》的大纲中。这正是寓言释义产生其作用的地方，因为《旧约》中所写的每个寓言将被放进即将出版完成的《新约》中。这种释义实践的发起者是使徒保罗，他给许多不同的基督教团体写信，并在信中提供了文字的寓意和延伸，还有耶稣未曾传播过的短篇布告。

图70 《炼金术士》（局部图），1558年
褐色墨水笔，30.8厘米×45.3厘米
德国柏林国立普鲁士文化遗产图书馆，柏林

桌子前男人穿着的术士袍在勃鲁盖尔时期早已过时。他的书上写着“炼金术”（事实上完全不是这样的）。可最终他留给家人的是背景中寒酸的房子。他没有得到金子，却毁了自己曾拥有的一切。

尽管寓言释义法经历了从过时到彻底风靡的转变，但几个世纪过去了却始终还在彼此相互矛盾着。在中世纪，对文字的需求被更严格地坚守着，但只用在人文和考证的新方法上，从发行的印刷品和公开辩论的论点上可以知道，曾经的诠释法又占据了优势。鹿特丹的伊拉斯谟（1466/1469—1536年）、马丁·路德（1483—1546年），还有凌驾于所有之上的菲利普·梅兰西顿（1497—1560年）要求并促进了希伯来语的教育，并不断地用自己的理解改进《旧约》中的内容。“原始”语言的魅力，好比希伯来语，被运用到两种方式中。学者们把他们自己假定带入到最古老的书写语言中，比如象形文字和希伯来语，语法和语序是从完整的符号理论中总结出来的。起初的推测就像是火车头，有了第一个对比符号，就有了整体对比的标准。

对古罗马或古希腊的作家来说，注释的特征很明显是作为对基督教重新诠释的一个手段。在这方面，中世纪奥维德的《变形记》只能被当作基督教的读物来理解，每一个文学上的感，知都被当作异教禁止。例如，代达罗斯被当作上帝看待，伊卡洛斯是他自我牺牲的儿子。对人文主义者来说，这种被教会规定的释义是不能被接受的。他们的历史学和语言学研究支持一个可被证明的史学观点，就是这跟基督教里的寓言丝毫没有关系。所谓的联系在史学上也被充分证明不需要任何寓言诠释来适应基督教信仰救赎的桎梏。寓言释义成为了一个肆意增长的现象。

鹿特丹的伊拉斯谟对两件事很虔诚：他不仅是天主教徒，还是一位出色的语言学家，作为语言学家他接触到很多抵触天主教教义的文字。他在1516年把拉丁语版《新约》翻译成希腊语版出版，并发表了圣哲罗姆教堂神父的所有文献（1517年）。他搜集的谚语故事和《箴言录》从1500年起一直被反复印刷出版，1509年他发表的批评天主教会的《愚人颂》更是让他名声大噪。1521年，伊拉斯谟因为被怀疑是异教徒而被迫离开了他的家乡鲁汶，逃到了巴塞尔。可是，革新时期遭遇的问题和学术对立情况是很复杂的。很多学者认为教皇是可以接受改革的，只是无法接受加尔文或路德的立场。经过多番论战后，路德和伊拉斯谟彻底决裂。天主教的人文主义者继续推行教会改革，一直坚持到反革新时期。第一本多语言《圣经》的诞生耗费了巨大的时间和金钱，但它有力地打击了反革新派。它出现在勃鲁盖尔所在的时期，在克里斯托弗·普朗坦（1520—1589年）的推动下于安特卫普出版，并得到了红衣主教格朗韦勒（1517—1586年）的支持。在尼德兰，天主教徒从罗马教会的忠实信徒西班牙国王菲利普二世（1527—1598年）那里得到了经济上的支持，从而推行了一系列重要的人文主义工程。

寓言释义作为勃鲁盖尔的基本绘画方式被提了出来。作品中的寓言诠释还是依据卡尔·古斯塔夫·斯特里德贝克在1956年的调查研究。最重要的主题是世界的腐败。《盲人寓言》里的盲人，以及勃鲁盖尔其他作品中的瘸子、穷人和病人，他们没有被看作是那个时期的边缘人群，而边缘人群是指那些没有信仰只遵循自身意愿的人们。这个释义完全过滤掉了勃鲁盖尔作品中创造力的体现。它们把对中世纪的认知当作自己的标准而没有发觉这种绘画上的认知早已经被废除。尽管勃鲁盖尔采用了道德作为基调，但他也只是把它作为背景用来讨论其可能性。这种文字和事物含义的把戏在他那个时期的尼德兰很风行。我们今天还不能说像勃鲁盖尔这样的画家们一定就是这种画风实验的领导者，抑或他们只是“雄辩家”口头文化推广的另一种表现，真相已不得而知。但无可非议的是，在16世纪，基督教已然不再是可以发号施令的道德标杆。

“雄辩家”是一个有组织的城市文化公会，市民们聚集到一起见面交流。这种公会对文人和艺术家不设防，因此发展出一群有精神追求并生活优越的中产阶级，他们拥有自己的文化，一种温文儒雅的理想文化。在这群人中不难找到勃鲁盖尔的顾客。这个公会的主要目的是参与一年一度的“奥米冈”游行，游行通常有一个特殊的主题，各个组织竭尽所能做出诙谐的装扮展示于众人。《节制》（图45）背景中所描画的被踩踏的木板很有可能就是勃鲁盖尔在展现这一事件时所用的修辞法。

从尼德兰文化狭窄的边缘看过去，我们看到了语言和语言的多样性已经占据重要的地位，并一直持续到现代文化开始阶段。像拉伯雷（约1494—1553年）和塞万提斯（1547—1616年）这样的作家反映出了不同语言水平和不同语种之间的共存和矛盾。这是现代文学时代开始的第一步，《堂吉诃德》便是第一本现代小说。现代文学采用了白话，同一时期出现了很多包括拉丁语在内的多语言书籍。尽管人们还是通过拉丁文来学习更多的语言，可有些地方已经把它当作是通心粉一样的庸俗之物。那个时期最伟大的翻译成就莫过于把《圣经》变成白话文，尤其是属马丁·路德的德文版，丁道尔和代尔的英文版，以及伊拉斯谟从希腊文翻译成拉丁文版的《圣经》。多版本的增长和翻译成果的需求都与书写和学术息息相关。那个时期不仅字典繁荣昌盛，文字游戏也欣欣向荣。

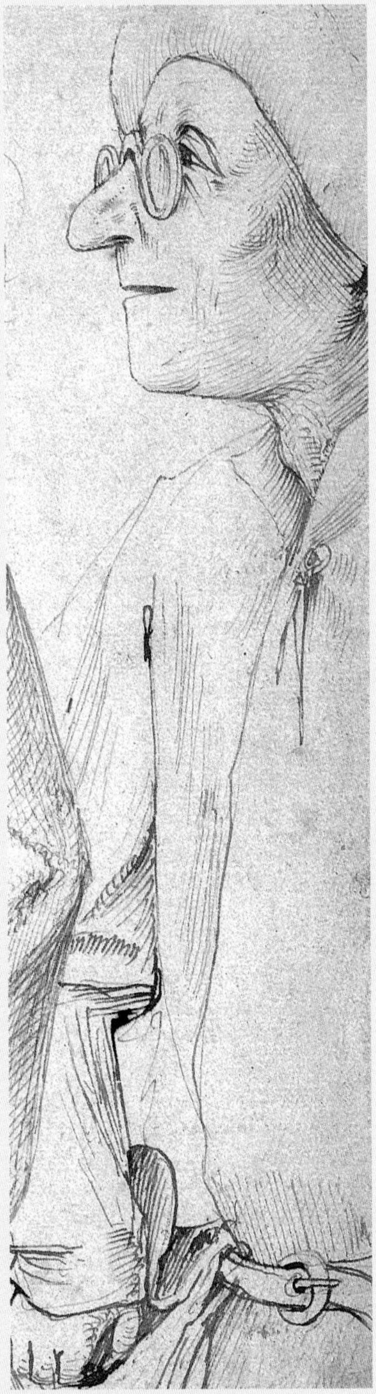

图71 《艺术家和鉴赏家》（图5局部）

从他戴的眼镜上，可以看出鉴赏家的人物形象和伦敦的《贤士来朝》（图80）中某些瘦削的术士和炼金术士的帮手形象很相似。眼镜是否像我们猜想的那样代表着有文化，现在也都无从考证。

弗兰芒圣经故事图

图72 阿尔布雷希特·阿尔特多费尔
《亚历山大的胜利》（伊苏斯战役）（局部图），1529年
镶板油画，158.4厘米×129.3厘米
巴伐利亚国家绘画收藏馆老绘画陈列馆，慕尼黑

亚历山大于公元前334年在伊苏斯打败波斯大流士，这场胜利是如何发动战争的一个典范，因为亚历山大被当作一个例子用来教导数不清的王位继承人。真实的景物更加强了这段历史的名气，并展现出真实的战争场面。因为对艺术技能范围上的要求，在阿尔贝蒂于1436年出版了《画论》（绘画上的文章）之后，历史绘画被认为是最高等级的绘画。

图73 《扫罗的自决》，1562年
镶板油画，33.5厘米×55厘米
艺术博物馆，维也纳

扫罗，以色列的国王，被非利士人击败后选择了死亡。但在圣经故事中，大卫才是真正的胜利者，因为他将要成为新的国王。在这幅重塑的作品中，风景的宽度让人轻而易举地忘记了这其实是勃鲁盖尔的小幅镶板油画作品，看上去却比他其他任何作品都要大。

在传统绘画流派分类中，如果我们追随着建筑师和建筑学作家阿尔贝蒂（1404—1472年）出版于1436年的绘画界泰山之作——《画论》，会发现描写圣经故事的场景属于最高类别的历史画。历史绘画被理解为是跟一个个事件有关的主题图画，内容可以是圣经故事、历史事件或传说。在勃鲁盖尔的圣经故事绘画中，重要的事件通常都在背景处减弱，这种流派分类在很多方面都有争议。在16世纪，尤其是风格主义时期，居住在尼德兰的人并未对艺术流派的等级之分感兴趣。相反，有时对于流派界线漠视的反复思考倒多于观察本身。在勃鲁盖尔的作品里，活动的人物形象被景色特意突出了他们的动作。比画作中人物动作更重要的是他们将要走的路线以及他们选择面对的景色。在现代标题中，实际上经常用“……的风景”来做标题，好让次要的表面标题也列在题目之中。《播种寓言的风景》（图33）是最早的例子。但是怎么会有人把扫罗和保罗这样的历史人物当作其次并看着他们被慢待呢? 问题就出在典型的风格主义上。越强调重要性越是要轻描淡写成为了绘画中经常被用到的小把戏。这种背道而驰的强调法只能在那时行得通，因为现如今已无法再找到一处纯粹的自然风光。因此画家相信观赏者会找到那个真正的主题物。建立风景画的规则被认为是浑然天成的流派，并不归功于勃鲁盖尔。

尽管像《扫罗的自决》（1562年）（图73）或作于1567年的《圣保罗的转变》（图74）这样的绘画主题在中世纪并不是常见题材，但这解释了勃鲁盖尔为什么在中世纪法则的基础上反而对这一重要主题进行掩盖的行为。有人曾推测，旧时的神学观点坚持神职人员的智慧像上帝一样被隐藏住了。在拉丁哲学中，隐藏的上帝被称作“Deus absconditus”（拉丁文：上帝是隐藏），慧眼躲在神秘之处——也是一个拉丁文词语 integumentum（盖住）。在勃鲁盖尔附带的描述和故作神秘的改写两者之间有很多不同之处，后者只有在替换了象征符号之后才会变得易懂。在《扫罗的自决》和《圣保罗的转变》中，主要人物形象必须费神寻找，尽管他们并没有任何神秘的表现方式。他们几乎跟神秘二字沾不上任何边儿：他们没有被放在象征队列中，而是活生生地位于风景之中。此外，勃鲁盖尔不遗余力地为其渲染了引人注目的光线。《扫罗的自决》中广阔的风景并没有被事件所影响，甚至那时都无人注意到自杀正在进行。

在早期的油画中，对角线在构图中起主导作用，比如《扫罗的自决》中的浅滩，还有《圣保罗的转变》中的队列从左下角陡峭的岩石路一直延伸到右边山峰上聚集的黑云处。他们走过的海岸边还是阳光普照，船、海、天一色。在中间区域里，太阳的光线照在保罗身上。他从马上坠下，身边还围绕着惊慌失措的随从，想要帮他起身。勃鲁盖尔展现了坠落的瞬间并预见了由此产生的一系列连锁反应。深色的冷杉树加强了颜色的光效，保罗身下的土地闪着光，衣服闪烁着红色的光芒，有的盔甲闪着白光。几乎所有人物都处在图的右半部。保罗自己则是着装朴素，灰绿色的衣服，没穿盔甲，甚至连帽子都没戴，不过也可能是在坠马时跌落了。对他衣着的苛求是一种朴素的展现，因为对基督教的信仰领袖来说这是必须经历的一次转变。后面的两位骑士、一位牵狗人，也是标准的领导者，把目光一直引领到转变发生的地方。在马背上的第五个人用起他的胳膊正在报告中间发生的事情。虽然两个骑士和观赏者都是目睹整个事件的见证人，可这个设计只不过是一出情理之中的修辞加固，用来确认这个正在发生的有趣的自然事件。

图74 《圣保罗的转变》
镶板油画，108厘米×156厘米
艺术博物馆，维也纳

圣保罗是继圣彼得之后最为重要的使徒。他对基督教的皈依一直都被誉为是基督教的一段传奇。对比于山脉风景画《扫罗的自决》（图 73），这幅画用非传统的形式来展现：十分陡峭的山体，山路随着高度的变化也变得更加分明。这些应该归功于勃鲁盖尔那次征服阿尔卑斯山的经历。

在1564年的《列队的骑兵》（图75）中，还是很难找到人群中的领导者。身着长袍、头戴荆棘冠冕的基督倒在十字架下，同时士兵们正指挥昔兰尼的西门撑起耶稣的十字架，可是遭到了西门的反抗（图76，图77）。之所以放置这么远，是想在两组不同的人物间建立一种张力。人群退后，一位骑士清出了一条道路，想要把反抗的西门拖到耶稣面前，而此时西门的妻子正奋力拉住自己的丈夫。尽管其他画家在勃鲁盖尔之前也画过此题材，但勃鲁盖尔在整幅画中把土地延伸得更为辽阔，从左后方蜿蜒的小镇，经过危岩上的磨坊，一直到远处的绞刑架。殉教处，也就是执行死刑的地方，并没有坐落在小山丘上，而是放在右边背景处镇子边幅员辽阔的地方。还有，画面右方边缘处的圆形绞刑架下的马头骨，更进一步渲染了死亡的气息。马车滚动的车轮呼应着围在殉教处四周的人们，似乎在宣告这里即将进行一次绞刑。这种呼应的内容被勃鲁盖尔运用过很多次。这里的第二个"骷髅地"在绘画上达到了另一个目的，通常"耶稣受难"主题一幅画只出现一次，但勃鲁盖尔却在同一幅画中展现了两次。总的来说基督背负十字架的故事，结局应该是耶稣死后晚祷钟响起，人们沉浸在悲痛中。马利亚被抹大拉的马利亚和其他人围着坐在开放的平台上俯瞰着竞技场上的队列。基督钟爱的使徒圣约翰小心地用手臂搀扶着马利亚。她双眼紧闭，脸颊苍白空洞，处处表现出一个女人的筋疲力尽之相：她有气无力地将双臂搭在左腿上，双手交叉。这是勃鲁盖尔脑中基督受难后希望得到救赎的情景，给予了画作一个更新颖深刻的宗教释义。图中基督教的象征符号和历史上重要事件的标识无处不在。跟它形成对比的，是勃鲁盖尔渲染的队列中的世人百态，这个罕

图75 《列队的骑兵》，1654年
镶板油画，124厘米×170厘米
艺术博物馆，维也纳

这幅画连接了当时两个非常流行的主题——举起十字架，这个主题给一个多世纪以前的扬·凡·艾克提供了描画大型风景画的理由；可预见的悲痛，这个主题被表现得频繁而紧密。这两个场景背景中的人物都异常拥挤，给基督教的传统场景赋予了更多的创造力。在勃鲁盖尔生活的时代，也许他对这个主题的诠释是对"老一辈"大师们的挑战。在修辞学和艺术学中，这种方式被称为"模仿的对抗"（原文为拉丁语）。

图76 《列队的骑兵》（图75局部）

耶稣被压倒在十字架下。人们在对他和万能的上帝嘲笑不已，他是受难者中唯一还拿着十字架的人——期待着上帝的降临。

见的场面无人应该错过。商人、无所事事的人、牧羊人、孩童，甚至是狗都站在这场演出的舞台上。他们的存在建立了一处处小场景，上映着各种各样的人间悲喜剧，转移了人们对耶稣的注意。

和耶稣一起判刑的两名罪犯坐在前面的马车里。他们吸引了好奇又惊慌的目光。其中一名罪犯由教士陪伴，双手紧握十字架祈祷。这一幕现在来看，基督教徒和赎罪竟早于教堂建立之前，这清晰地表明勃鲁盖尔在他那个时期提出一个信仰的问题——今天我们会如何接受身边的基督教徒？今天的教会对基督牺牲自己会采取多少行动？这样的改革导向思想让勃鲁盖尔更进一步地接触“现代灵修”——一项受中世纪忏悔传道士格特·格鲁特（1340—1384年）影响深刻的中世纪后期信仰运动。在16世纪的尼德兰，基本的宗教哲学信条已经被广泛地理解，加上这项运动的慈善工作的推动，更是得到广泛爱戴，以至于作者根本不需要附带更多的说明。的确，能和这一描写粗俗骑兵场景并驾齐驱的是《爱》中的一幕，可后者更偏向于个人的小爱，从而和前者形成了对比。马利亚的哀伤始终被当作是典范，任何事物都无法让人从这种紧张的关系中转移注意力。可在勃鲁盖尔的作品里，所有事物看起来都被分散了注意力，因此图中前方的一组人无论是在内容上还是宗教意义上都给人带来了一丝平静（这里被看成是画中的“一道金线”），此时就连对纷繁世间的沉思都发生在别处。

1563年开始创作的《建造巴别塔》（图78）现存于维也纳，这幅画大概是勃鲁盖尔最杰出的成就。这座把世人送往天堂的塔是对神灵的一种亵渎。世人攀爬的位置已然超越了他们的神。作为惩罚，上帝让世人的语言混乱，不能沟通，于是巴别塔无法完成。这幅画的伟大之处在于这座只用石头堆砌的塔竟建造在一片圩田的风景中。海港是用来运输建筑材料的。站在山丘上的尼姆罗德王，正在指挥着建造，顺着跪在前面的石匠指引，观察工程的进行。高塔已经建造了七层，每层都由几排窗户和拱门组成，塔的顶端已经深入云中。地基盘踞了城市的一半面积，隐藏在高塔的阴影里，支撑它的墙壁比农夫的房子还要宽。这种建筑手法不禁让人想起像斗兽场一样的罗马竞技场，只是后者里面是空的。毋庸置疑，勃鲁盖尔沿用了自己拜访意大利时描画罗马的手稿中的画风，虽然手稿现已遗失，但很有可能他曾在1550年之前就把手稿交给了出版商海欧纳莫斯·库克作为备忘录发表在《意见》上。勃鲁盖尔重塑了建筑的面貌，给画面远处的工人们增加了吸引人的细节，却没有丢失意境。可以看出重物是被人力齿轮拉起的，超前技术建造的拱门和扶壁组成了高塔。一旦中心石被放入拱门中间，拱门下的木头支架就可以被移走。阳台上充满了为建造服务的小建筑物。修整好的砂岩块看起来只被用到外墙建造；内部则用红砖堆砌。高塔上的许多地方都凸显出这个建筑的设计图描画绝非易事。同时也需要不断修正（可以在顶部左方），肉眼一目了然。顶部拱门的减少是为了保持在更高更远的顶端和实际拱门空间减少之间的平衡。像很多常见范例一样，真正的比例是工人和他们手中的工具，这让空间上逐步减少的高塔更真实。这是可以被看出来的，高塔右边，勃鲁盖尔在顶端伸入天空的墙上放置了一些工人，这些工人是天空中最小的形象物，目的是为了使创造出的轮廓能给画中的大概距离提供出一个参照点。

另外一幅《建造巴别塔》（图79）尺寸小一些，且缺少图前方的制高点。建筑更为完整，有五层已经建好。勃鲁盖尔用更复杂的连接把显露出来的岩石融入到建造中。无法测量的高塔再一次被周围的颜色彰显。乌云围绕在建筑周围。第三幅《建造巴别塔》还是小版本的，曾在朱利奥·克洛维奥的收藏物中提到，但最终却消失得无影无踪。

《贤士来朝》有许多不同版本的释义。两幅作品，一幅存于布鲁塞尔，一幅存于伦敦，展现了三贤士来到马利亚和圣婴耶稣休息的马厩的场景（图80，图82）。波希曾画过相似的情景，尤其值得注意的是他不可匹敌的漫画背景，多管闲事的旁观者更像现今的滑稽漫画。比这些更为惊人和新奇的是勃鲁盖尔的《雪中贤士来朝》，现今存于位于苏黎世附近的温特图尔奥斯卡·莱因哈特收藏馆（图81）。场景设立在一个被白雪覆盖的弗兰芒村庄里，村庄里坐落着一座被摧毁的城堡。在它对面的左边，是一个小窝棚，窝棚外聚集了一群人。和传统描画不同的是，摆放出来的不是昂贵的布匹、礼物或富豪的勋章。三贤士的造访曾代表着不言而喻的信息，经常跟在民间力量下即将成立的教会联盟联系在一起，成为日后统治者能够发现的合理的图解。

在勃鲁盖尔这里却大不一样。他果断地选取了主显节（1月6日）为表现，作为是对上帝出现在世人面前的庆祝。如果不是有许多武装士兵阻拦，各式各样的人早就去拜访圣家族了。

图77 《列队的骑兵》（图75局部）

士兵们强迫西门去托起十字架，他的妻子在一边奋力地阻止。她丢掉了手中的羊肉和瓦罐，两个落井下石的投机者已经背着搜刮来的一袋东西向相反的方向跑去。抛开会场上的人群，这位画家成功地维护了这段十字架故事的出处，耶稣已经被两侧的卫队、士兵和旁观者压倒了。

图79（下图）《建造巴别塔》，约1563年
镶板油画，60厘米×74.5厘米
布尼根博物馆，鹿特丹

在这幅小圣经画中，建造看起来似乎已接近完工。但前景中缺少了尼姆罗德王指挥建造的场景，画面中的石匠和高塔看起来似乎也比大版本中的要远一些（图78）。这个主题已经成为描绘建筑场景的插画中的一个开篇之作。勃鲁盖尔对这项工程失败的专注远远少于对这座巨大的奇怪的建筑结构的着迷程度。画家用他亲眼所见的残存的斗兽场废墟作为模型，对罗马异教徒进行了一次深刻的批评。勃鲁盖尔很少重复一个主题，只有在这里出现过。

图78（左图）《建造巴别塔》，1563年
镶板油画，114厘米×155厘米
艺术博物馆，维也纳

在《创世纪》中记载了建造巴别塔的故事：那时候的世人都讲同一种语言和口音，他们想要建造一座伟大的城池和一座高到可以通向天堂的塔，让世上所有的人有一个共同的归属。上帝降临人间时看到世人正在建造巴别塔，认为如果他们建成了高塔那这世上便再没有其他事是世人不能够达到的，于是他施展法术扰乱了建筑工人们的语言，让他们无法相互沟通，并把人们分散到世界的每一个角落，让他们无法聚集。《新约》中在圣灵降临节上，这座通天塔代表着“语言的奇迹”，庆祝圣灵降临在门徒身上，使他们有说不同语言的能力。当勃鲁盖尔画这幅画时，语言上的分歧也是当时教会分裂的一个新原因。

勃鲁盖尔对素材的现代化并不只限于变奢为简。他把整幅画都变成我们所接触的日常生活。画中的雪花给人带来视觉上的新鲜感，实际上也表明了精准的观察力。这里的雪不是已经下完的雪，也不是距离观赏者一段距离之外正在下的雪。好像当我们刚看到“画框”时，硕大的雪花就冲进我们的眼中，我们的目光必须穿过这片鹅毛大雪才能看到画中情景。这样的观察被认为过于微小，但它却引起了一位先锋艺术家的兴趣，他期望自己的作品能拥有这样真实的视觉感并让它在画中重现。跟马利亚和婴儿在一起的一群人和崇拜者们被挤到了最左边，与此同时，从结冰的河边取水，在冰窟窿里用篮子打水，反而被勃鲁盖尔认为是马厩场景中最不值得注意的了。更引人注意的是雪橇上的孩子制造出的巨大张力，他看起来并没有意识到即将掉进冰窟窿里的危险，这种张力甚至超过了耶稣诞生所带来的紧张感。这种紧张分散在整个场景中，因此也给贤士带来了戏剧性的冲力，不然他们身上的绫罗绸缎怎会精简许多。

在勃鲁盖尔的作品中，有好多次都把《新约》中的事件设置在雪景中，比如《无辜者的屠杀》和《伯利恒登记》（图83和图85）。更完整地说，不得不提到《月份》系列中的《雪中的猎人》（图95），尽管它不是圣经故事。可是，这里面没有任何一个场景实际是在下雪。原因可能是在大幅的画布上很难雅致地重塑出暴风雪的情景——《雪中的贤士来朝》是尺寸稍小的油画中的一幅。经过时间的推移，插画家也开始着手展现雪景，这其中就有法国人让·布迪松（1457—1521年）以及和勃鲁盖尔相交甚好的西蒙·贝宁。

《伯利恒登记》展现了和勃鲁盖尔其他作品中相似的村庄。因此布局可以跟《狂欢节和四月斋之战》《儿童的游戏》相比较。景象总出现在宽阔的村庄广场上，从角落的一栋房屋开始，也是一个小旅馆。广场呈对角线状一直延伸到右边，左边还保留开放，甚至超过了小旅馆。因为是在报名登记，所以小旅馆成为了一个暂时的官方统计站。旅馆的名字通常能从符号中识别出来，可能是画在牌子或板子上，或者被当作一件东西挂在房子外，画中的旅店可能叫“桂冠”。房顶杆子下是一个看起来需要固定的官方徽章，红色的底子上有黑色和金色的老鹰——这可能是在暗示勃鲁盖尔时期尼德兰哈布斯堡家族的权力。统计看起来是和征税联系在一起的，因为正在书写的官员好像是在从窗口接受付款。人们聚集在他的窗口前，但他们前来的目的并不只是履行义务。一些人在屋里取暖，旅馆外正在上演这个季节的风俗——杀猪。一个男人跪在猪脖子前，另一个女人拿着容器接流出来的猪血。这是发生在十二月份的传统一幕。稻草已经竖起来等着被点燃。再看一大堆有趣的冬日场景，从掷骰子到滑冰、扔雪球、扫雪，把没喝的酒桶移到上面、约瑟和马利亚到来。约瑟正牵着一头牛，向着旅馆走去，坐在驴上的马利亚披着一件硕大的斗篷，胳膊上还挽着一个篮子。和圣家族形成对比的是另一群人，一对夫妻带着一个婴儿从冰面上走来。没有一部福音提到耶稣是在约瑟和马利亚登记结婚之前就诞生的，还是他们早已被记录在案。

在《无辜者的屠杀》（图83）中，天空的颜色要比《伯利恒登记》暗很多。有着相似房屋和宽阔街道的村庄再一次被展现，但这次建造得更为密集。这条街道是为屠杀而设的，屠杀的目标是年少的耶稣。许多无辜的受害者死去，可是却仍然没有找到耶稣，因为他的父母已经带着他在逃往埃及的路上了。勃鲁盖尔对画作神秘感的渲染是无与伦比的，里面包含了许多杂乱无章分布在行动中心的人物形象，每一个都有他们自己的人物性格。首要的活动保证了行动的统一性。背景里是带着更多军队的指挥官，骑士正在从左到右追赶逃跑的母亲。对死去孩子的悲痛像一条长长的轨道从白雪覆盖的广场一边延伸到另一边，同样地，被士兵抓去孩子的父母正在祈求怜悯。从史学上讲，这不太可能，但勃鲁盖尔还描画了更为年长的受宗教迫害的孩子。

勃鲁盖尔眼中裹着白衣的村庄，还有一些风景和少数只用灰色调的“单色画”，用了和几个色调模型相同的绘画技法。在《马利亚之死》中，体现在一道极为不寻常的光线上，它普照在马利亚和圣约翰身上，好像梦中的火炉。传说中圣约翰和她一起经历了死亡。当听说这幅画的拥有者是勃鲁盖尔的好朋友——人文主义者亚伯拉罕·奥特里斯（1527—1598年）时，多少还是让人有些惊讶的。最终圣母马利亚的主题从中世纪开始成为了非常普遍的宗教题材，但实际上却没有场合进行学术上的讨论。尽管如此，在1574年，奥特里斯还在这幅画上刻了自己的标记。

勃鲁盖尔创作有另一幅讲述福音故事的纯灰色画作《耶稣和通奸的女人》（图86）。此画全部由各种各样的人物形象组成，人们脚下有一级台阶，这在勃鲁盖尔的作品中很少见。耶稣和他保护的女人位于中间，他们的右边是控

图80 《贤士来朝》，1564年
镶板油画，111厘米×83.5厘米
国家画廊，伦敦

这幅画是勃鲁盖尔唯一的肖像画形式的作品，勃鲁盖尔在画中展现了三贤士和圣家族的特写。画中耶稣轻柔的轮廓和马利亚温柔的脸部特征一直被人拿来与拉斐尔的作品相比较。这两个人和旁边的约瑟及其他旁观者粗犷的特征形成了对比。而君主们和牧羊人们是否来访，勃鲁盖尔并不关心。

图81 《雪中的贤士来朝》，1567年
镶板油画，35厘米×55厘米
奥斯卡·莱因哈特收藏馆，温特图尔

这幅画是勃鲁盖尔对这个事件描述最具现代风格的作品。此幅画的表现重点是日常的生活，因此画中都是贫困的底层人民，而不是衣冠华贵的君主们。

图82 （下图）《贤士来朝》，约1564年
布面水彩画，121.5厘米×168厘米
比利时皇家博物馆，布鲁塞尔

这两幅和海欧纳莫斯·波希对应的《贤士来朝》作品在1564年完成。勃鲁盖尔版本里的东方三贤士来访通过“正常”人的出席强调出“五旬节”的历史重要性。这些人私语和奸笑，并不是往日里见到的谦卑面孔。这幅作品是少数存留下来的布面画作之一，整幅画用水彩完成，因此特别脆弱易坏。

图83 《无辜者的屠杀》，约1565年
镶板油画，109.2厘米×154.9厘米
皇家收藏品，温莎城堡

希律王听说伯利恒诞生了一位新国王，于是担心自己的王位不稳。一个拥有强大权力的男人对新王诞生的恐惧和误解造成了对孩童的迫害，尽管耶稣后来声明他的王国并不在这里。伯利恒被白雪覆盖，房屋远远隔着，屋门破损，人们被赶出门去。一个婴儿死在雪中，其他的婴儿还在父母的奋力保护之下。可是在士兵们强大的武力下，他们的举动显得那么苍白无力。

图84 科内利斯·梅西
《圣家族到达伯利恒》，1543年
镶板油画，27厘米×38厘米
德国柏林国立普鲁士文化遗产图书馆，柏林

圣家族正在一家旅馆询问，准备投宿。和勃鲁盖尔的作品一样，画中的村庄栩栩如生，主要人物与风俗画的自然情景融为一体。

图85 《伯利恒登记》，1566年
镶板油画，115.5厘米×164.5厘米
比利时皇家博物馆，布鲁塞尔

调查登记发生在被白雪浸湿的市场上。装满木桶的小推车、杀猪、滑冰以及其他许多一看便知的活动都比画面左边被当作登记处的客栈里的状况更加容易辨认。在装满酒桶的小车旁，一个木匠牵着一头驴，驴背上坐着一个穿蓝斗篷的女人——裹得严严实实的马利亚，她摆着那传统的姿势，最清楚不过地展现了圣诞故事的由来。

图86 《耶稣和通奸的女人》，1565年
镶板油画，24.1厘米×34.3厘米
考陶尔德美术馆，伦敦

耶稣在淫妇脚下的尘土上用荷兰语写道："让你们之中没有罪过的人投第一块石头"（约翰福音 8，3-9）。可犹太文士袍子上的希伯来手稿提名是伪造的。勃鲁盖尔保留了耶稣对犹太法律的抵抗这一历史事件原貌。可他放弃用最著名的怜悯之词的原句，为了使大家能够理解，他采用了地方性强的语言。

诉者们，穿着教士长袍的犹太牧师四周围满了穿戴整齐的希伯来人。耶稣屈在台阶前用沙子在地上写道："让你们之中没有罪过的人投第一块石头。"（约翰福音 8，3-9）

语言上的对比——一边把《圣经》的核心内容翻译成白话，一边把它跟希伯来文化连接在一起——是勃鲁盖尔特有的风格。他并没有热衷于最大限度地重建当时的情景，却能浅显易懂地把历史状况呈现出来。耶稣、年轻的女人和牧师从人群中脱颖而出，其他人因为地上的字心怀叵测，空气中酝酿着等待和沉默——显然大家是被说中了心事。只有在藏于伦敦的《贤士来朝》中，勃鲁盖尔才用他的人物填充了画框的一些位置以达到相似的长短。

创作于 1566 年的《施洗约翰的讲道》（图88）是勃鲁盖尔对虔诚忏悔的最壮观的一次表现。画家和旁观者都站着，在一定程度上，后排的人只能看到前面的听众。这个露天会议的地点是一片林中空地或者树林的外围处。事实上，在勃鲁盖尔生活的时期，再洗礼教教徒由于受到宗教裁判所的迫害，只能在城外秘密地宣扬教义和做礼拜。这样的布道被称作"秘密讲道"。和勃鲁盖尔其他的作品相比，这幅画中的参与者穿着古朴，再洗礼会教徒也发现多数追随者来自于贫苦阶级，但画面中却对此没有任何的影射。听众们聚精会神，但却没有表现出对此的敬仰和特别的虔诚。右边两个成员在讨论讲道的内容，前面中间的位置还有人在看手相。画面中更多表现的是人们对信仰的追寻，而不是关于耶稣的老师约翰的基督讲义。在基督时期，施洗约翰是一名独立的宗教领袖，他在沙漠和约旦河下游施行洗礼。没人知道他来自何方。福音中描绘他是耶稣的先导并把他阐释的洗礼定为基督教的洗礼。可没想到的是，

图87 《艾佩莱斯的恶习》，1565年
铅笔和褐色墨水，20.4厘米×30.7厘米
大英博物馆，伦敦

希腊作家卢西恩报道说画家艾佩莱斯（公元前4世纪下半叶）用他栩栩如生的绘画技巧来表现他被诬蔑的愤怒。这个文本使勃鲁盖尔在构图上的古典理想得以提升。从有关艾佩莱斯的作品中还可以看出，谗言多数来自于恶习。这幅作品是勃鲁盖尔少数的几幅以古罗马时期为题材的作品之一，但他的下笔却是出人意料地坚定。

耶稣去世几十年后出现的另一组追随者对福音有不同理解，使两组人之间产生了明显的对抗力量。和基督的洗礼相比，约翰的洗礼因为无精神含义而被驳回。

勃鲁盖尔在画中没有描画出一片沙漠，而是呈现了一处小树林和远处蜿蜒河流的景色。在这里，整体的组成与他所处的时期和熟悉的风景连接在一起。含义的复杂层次勃鲁盖尔在他早期作品里已经介绍过，他大概很希望能和秘密讲义扯上关系。至今还没有任何人把施洗约翰的讲道从历史中删除。约翰讲道这一情景的视觉效果让我们觉得勃鲁盖尔想要把成为拿撒勒的耶稣基督谦虚的门徒写进历史。两组人都用日常生活情景和事件来描绘他们的信息，这使他们和秘密讲道者们联系在了一起。

图88 《施洗约翰的讲道》，1566年
镶板油画，95厘米×160.5厘米
国立美术馆，布达佩斯

在16世纪，施洗者越来越多地以牧师的身份出现。虽然约翰站在后面，但他被来参加讲道的听众和这处演讲的露天空地所突出。他左手的姿势好像是正在向大家宣告耶稣的重要性，而耶稣就站在附近不远的地方。在这里，约翰一方面是游走的牧师和耶稣的老师，另一方面则是来宣告弥赛亚的使者。

深入阅读：尼德兰的政治与宗教

图89 《无辜者的屠杀》（图83局部）
公爵阿尔巴

士兵们的领导者要被希律王派遣追捕犹太的新生国王，被选中的就是西班牙公爵阿尔巴。这是把圣经故事中对儿童的屠杀，以及为了巩固西班牙天主教统治，在1568年布鲁塞尔和安特卫普发生的“血腥议会”两个事件相提并论。惩罚的后果是牺牲了千余条弗兰芒人民的生命。这个希律王的军队首领阿尔巴公爵肖像，把勃鲁盖尔的绘画世界和宗教政治紧密连接在一起。

在16世纪，尼德兰处在哈布斯堡家族的统治下，但其最初并不是通过军事占领的手段。在查尔斯五世（1500—1558年）统治下，奥地利赢得了西班牙的统治权，达到其权力的制高点。期间只有英国和法国一直不肯承认他的政权，并妄图加之以基督教的政治体系观点。而在当时的比利时、荷兰和卢森堡三国中，公爵领地越少的，就越无法站出来抵抗。查尔斯长居于布鲁塞尔，他说比利时语，还掌握法语和弗兰芒语。当地首领通过参与国家议会行使一部分统治权，以及当时规模大于巴黎的尼德兰贸易中心安特卫普的经济优势，这两者构成了利益的共同体。但是在早期，尼德兰只有维持持续繁荣才能增加税收，因为哈布斯堡家族需要这笔钱来支援与北非穆斯林和奥斯曼土耳其的战争。前者威胁到西班牙，后者则威胁到奥地利。

1555年，查尔斯退位，将王位传给儿子菲利普二世，原有的紧张关系又进一步恶化。在路德1517年发表了他的论纲后，查尔斯针对所有新教势力甚至是包括天主教会的批评采取了一条非常严厉的罗马天主教规定。但是，如果不算火烧异教徒的作用，不得不说他在巩固政权上取得了巨大的成功。可遗憾的是，他的儿子菲利普在尼德兰的外交和政治文化上都缺少策略，因为他生在西班牙，根本不会讲荷兰语。对国家大事决策的出席需要他奔波于尼德兰和西班牙之间，最终他因为不了解小低地国家的情况，于1559年永久地离开了尼德兰回到西班牙。那时他未能及时留意到宗教争端已经成为了一种社会和经济隐患，因此更增加了革新者的优势。

从15世纪起，把英国羊毛做成布匹在布鲁日、根特以及后来的安特卫普出售成为一项非常赚钱的生意，交易贯穿整个欧洲。长途的商业贸易和交通也同样得到了繁荣。但是后来日益扩张的英格兰自己也开始了纺织，而且像里斯本这样的港口比安特卫普更具有优势，因此其对尼德兰贸易中心的依赖开始走向终结。尼德兰市场的成交量和利润都明显出现了下降。而与这场灾难结伴而来的还有1560年左右尼德兰爆发的旱灾，虽然原本可以通过收购东欧的粮食来抵消旱灾的影响，但不幸的是，经由波罗的海的运输路线在那时被封锁，随后几年又因为丹麦和瑞典的战争一直未开放过。于是饥荒不可避免地发生了。就在这种情况下，由于国家贫困，现有税收下降，菲利普又推出了新的征税。国家议会也被剥夺了权力，菲利普的妹妹帕尔玛的玛格丽特（1522—1586年）作为摄政王参与统治，那时她的身边有三个忠实的罗马顾问，其中一个就是勃鲁盖尔作品的收藏者红衣主教格朗韦勒，即普鲁纳特·德·格朗韦勒。

尼德兰进行改革的意愿并没有因为路德或加尔文的出现而得到减少。广受欢迎的传教士格特·格鲁特在14世纪创建了兄弟会，宣扬一种新虔诚。跟神职人员不同的是，他们宣扬的信息更有说服力。他们用日常的白话宣扬和祷告。他们为照顾穷苦病残的人建立重要机构，并和贝安居慈善舍一同施善。但是，在勃鲁盖尔的时代，增长最快的却是浸礼会，也被称为再洗礼教。他们站出来反对国家和教会之间的联系，反对任何统治权力，甚至没放过路德的革新。他们向人们宣告基督教的追随者既不为国家也不为教会服务，他们只遵从于信仰。他们在国家管辖以外的城镇进行宗教礼拜，讲道被戏称为“秘密讲道”。不难想象，勃鲁盖尔在他的作品《施洗约翰的讲道》中就暗示了“秘密讲道”，这幅画目前存于布达佩斯。

16世纪60年代，西班牙和尼德兰在执政上的互不理解升级为冲突，后者的代表人物有康茨·艾格蒙特（1522—1568年）和赫仑（1524—1568年），还有威廉·奥兰治（1533—1584年）。这三人用退出国家议会使政府工作瘫痪作为威胁，要求红衣主教格朗韦勒退位。1564年，格朗韦勒在他对手的施压下真的退位离开了尼德兰。逼宫的成功暂时缓解了紧张的局势，但在接下来的冬天，宗教裁判所对在新形势下迅速增长的浸礼会和加尔文教徒进行了残忍的迫害，使得局势又变得异常紧张。

与此同时，本地首领废除了所有异教徒法律，康茨·艾格蒙特为获得这一决定追溯权的批准于1565年前往马德里。可这位谈判者在返回尼德兰的路上惊讶地发现，对异教徒的处决已经得到了批准。这时菲利普对其他信仰者的迫害比以往任何时候都要残酷。这项血腥的政策在尼德兰贵族中受到了大范围的反对。他们一同向玛格丽特请愿，玛格丽特承诺换用更仁慈的手段。可是在这一次请愿中，贵族们像一群乞丐一样被打发走，还被反西班牙的对手称为“叫花子”。

在尼德兰，虽然圣像破坏运动没有受到中坚分子谈判的影响，得到了断断续续的传播，但却伴随着极为暴力的方式。政治协定被毁，双方阵营都在各自备战。遗憾的是，“叫花子”也无法建立统一战线。宗教革新国成立了国家联盟，但其内部有许多忠诚的成员站在摄政王一边反对宗教战争。因此，1567年的秋天，严酷的阿尔巴公爵带领着西班牙军队没费一兵一卒就占领了尼德兰。此后叛乱者得到了严厉的惩罚，一万两千人中大约有一千人被指控参与“血腥议会”而遭到处决。康茨·艾格蒙特和赫仑也于1568年6月在布鲁塞尔被公开处以死刑，而那些反对这一判决的贵族们则被逐出尼德兰。被驱逐的威廉·奥兰治成为了荷兰解放运动的领军人物。尽管期间发起了数不清的军事行动，但每一次的行动只有一个目的——独立——在1648年，终于达成了威斯特伐利亚和约。阿尔巴要用足够的财力来维持他的军队，因此当新赋税的推行受到相当大的阻力时——也就是勃鲁盖尔生命的最后几个月，阿尔巴的恐怖统治开始了。

图90 亚伯拉罕·奥特里斯
《地图》，1571年
纸上的凸版印刷，手工着色，对开
帕拉丁博物馆市政印刷区，安特卫普

这张地图来自于弗兰芒第二版的奥特利乌斯《世界概貌》。西班牙帝国在菲利普二世的统治下，于1580年后达到其最大的势力范围，后来的征战都结束于几段政治联姻。对那不勒斯的占领已经在地中海地区建立了霸权（1572年勒班陀无敌舰队的胜利）。1580年对葡萄牙的兼并则赢得了大量的海外殖民地，随后西班牙与英格兰为了维护霸权而冲突不断。

图91 雅各布·约翰里克（?）
亚历山大·法纳斯的肖像挂饰
银质，直径4.63厘米
梅耶博物馆，安特卫普

安特卫普直到勃鲁盖尔死后才被军事占领。亚历山大·法纳斯是这里提到的战争中获胜的将军，他带领军队在第二年八月占领了这座城市。在他的统治下，局势平静下来，安特卫普也恢复了适度的繁荣。

图92 提香
《查尔斯五世和狗》，1533年
布面油画，192厘米×111厘米
普拉多博物馆，马德里

查尔斯五世用自己在军事和管理上的能力系统地建立起了西班牙帝国。1555年，他把王位传给了儿子菲利普二世。

图93 亚伯拉罕·德·布鲁内
《菲利普二世》，1560年
蚀刻，30.2厘米×19.9厘米
帕拉丁博物馆市政印刷区，安特卫普

菲利普，查尔斯五世的儿子，是一位虔诚的宗教信仰者，他一生投身于天主教。反宗教改革运动不仅将罗马教会带领到了现代，并且产生了人文主义学者和革新派。

《月令》系列和农夫的节日

图94　《露天的婚礼舞会》（图119局部）

这些带着节日喜庆感的农夫形象作品是勃鲁盖尔的成名之作，创作于他短暂生命中的最后三年，并且后无来者。他在不自觉中成为了17世纪农民画派的创始人。其中一个吸引人的特征是他通透的画面。在这样的作品中，他也许是想依靠作品初稿显露出来的效果带来这种通透的感觉。自然的设计和舞蹈者的活力相吻合，它们紧密地结合在一起，并保持着平衡。

从1565年到勃鲁盖尔去世的1569年期间，他创作的作品最终给他带来了名声和荣誉——农民题材后来几乎快被用滥。如果怀着挑剔的心情，实际上只有两幅油画把农民生活描绘得简单而有效：1568年的《农夫的婚礼》（图118），画面设置在一个谷仓里；还有同年的《农夫的舞蹈》（又名《农夫的露天狂欢》），图景设在一个村庄的街道上（图120）。这两幅画中的人物比勃鲁盖尔其他作品中的人物大很多，而且他们的表情很生动。这激起了对画中“古代”农民的道德批判，因为勃鲁盖尔时期的艺术人物都还拥有道德说教这一人物特点。但是，一旦我们看到了勃鲁盖尔所有的农民作品后，就会对道德上的释义产生怀疑，因为在那一两年前创作的系列组图《月令》中，所有的作品都被风景所支配，季节也被精心地安排过。很多史诗里也是这样描画农村人的，想要说明——哪怕是在当今——完成每天的工作会给他带来最大的满足。这是勃鲁盖尔的成功之处，他用农村生活中的娱乐弥补工作带来的辛苦。

从格式大小上看，主题是一个重要决定因素。从1565年起，五幅风景画组成了《月令》组图：存于维也纳的《雪中猎人》《阴郁的一天》，以及《牧群的归来》；《谷子丰收》存于纽约，还有存于布拉格的《牧草》（图95—图103）。它们全都展现了和季节相符的天气，白雪皑皑的风景里，归家的猎人走在绿色的天空下；炎炎夏日里谷子地上闪烁着蒸腾的热气。从对天空的描画中表现出来的空气中的紧张感在艺术史上无与伦比，不止前无古人，很久之后也无来者。当然，主题范围很重要，这点在湿壁画中有所体现，“月令劳作”是中世纪一个最常见的非宗教题材。月令壁画在意大利北部被发现，在天主雕塑和小时书的序言日历中描画了一年当中的月份图。

油画的优势直到这些逼真的描述天气的画作出现后才得到认可。不像中世纪的传统劳作，勃鲁盖尔一直在提供另外的习俗象征和寓言标志，比如黄道十二宫的标志，与他的写实派风格很不相符。

很久以来，人们一直在争论这组图中除了上面提的五幅之外到底丢失了几幅。原来是有六幅还是十二幅？是否有这样一种可能性——五幅画中有一幅并不属于这组画，而整个系列只有和四季相对应的四幅画。把西蒙·贝宁（1483—1561年）工作坊出品的弗兰芒日历拿来比较，一幅画代表两个月的观点就越发明显。在小时书上的日历彩饰画，里面的月份已经通过前前后后的活动被指明（或者已经给了他们一个提示）。像贝宁这样的插图画家，他画里的月份有没有被定义的职能并不重要。虽然小时书的销量受到了其他印刷书籍的打击，但它本身还是一本美好的诗作集。日历中的务农者形象在时间和内容上的弹性很大，勃鲁盖尔正好抓住了这个优势。

究竟是哪幅画打开了这组图的序幕这个问题取决于画上的数字和内容。尽管复活节是一年的结束，在勃鲁盖尔时期仍然保留这个习惯，可画中却遵循着拉丁日历，新年从1月1日开始。这与勃鲁盖尔的冬日图《雪中猎人》（图95）相符合。但这幅风景画也可以被当作是12月，因为图中左前方的房屋前点起的火堆可以被理解为杀猪的12月——跟《伯利恒登记》中不同，这里看不到任何动物的踪迹。前方呈低对角线的小山丘看起来要把我们的目光引到右边远处的风景中。猎人们走的小路深入到画面里，给观赏者创造出一个平静的出发点，观赏者由此可以观察到勃鲁盖尔笔下的主要人物前方的路还有多远。和引领目光同样重要的是画中光秃秃的若隐若现的树木，因为它建立了由

图95 《雪中猎人》，1565年
镶板油画，117厘米×162厘米
艺术博物馆，维也纳

勃鲁盖尔描画冬季的作品是绘画史上最著名的雪景画。虽然它不像其他的作品一样有雪花飘落的情景，但画家在一片白色中，用了绿色来掌握画面，传神地表现出冬天雪地的气氛。在屋顶上，画家画出的枝条和墙壁给雪景提供了一个三维的立体空间感。而在前景中，黑莓的荆棘破雪而出，使得雪的重量清晰可见。

归家的猎人在雪上留下深深的脚印。他们深入山谷中的足迹与观赏者的目光相结合，一起引出下方丰富的冬日场景，场景从冰冻的水塘一直延伸到烟囱里的火苗。右边地平线上的陡峭山体与前景中山丘形成的对角线遥相呼应，而它们结晶状的形态是冬天最不受欢迎的代表。

图96 《阴郁的一天》（图97局部）

房屋前的树木被支在一起，卷曲的枝条被捆扎在一起。一家人刚从小山坡下爬上来。手中拿松饼的男子和戴着纸王冠的小孩曾出现在《狂欢节和四旬斋之战》中（图56），这意味着《阴郁的一天》里的活动可以在二三月的季节里找到。

勃鲁盖尔保留了传统的日历画中捆绑干树枝的场景，而梳理藤蔓的情景则通过画面右边房屋前面的一个男人来呈现。这幅作品被认为是“立春”，因为画中没有任何植物生长和繁荣的景象。

近——雪中的黑莓丛——到远——冰封的河流和悬崖之间的过渡。树木的躯干大幅度地贯穿在整个风景中，给观赏者提供了易懂的画面比例。像这样用前方的小山丘引领出远处景物的风景画被归分为“整体”风景画类别。从另一方面看，勃鲁盖尔的构图一直在通过斜坡的对角线来找寻更多的张力，因为陡峭的斜坡能在第一时间让观赏者的目光和低矮的地形碰撞在一起。楔形前景在之前的《逃往埃及路上的小憩》（图 29）中已经用过。在现在的冬日图中，一条冰冻的河流从右面进入，经过磨坊从桥下穿过。如果这处不起眼的风景不在的话，目光就会直接接触到远处的空白，这幅风景画中前景和远景的连接就会断裂。在左边的旅馆和教堂后面，画家更是用了一个策略来避免断裂的发生。他把斜坡缓缓地延伸到后面，把远处的地方用房屋填充，而这些不起眼的建筑物又把我们的目光引领到下面。

褐色主宰了《阴郁的一天》这幅画，黑色加重强调了暴风雨即将来临的情形（图 97）。如果画面右边人物身上的纸牌帽和松饼是在暗指忏悔日的话，那么这幅景象很有可能描绘的是二月或三月。图中的劳动者正在捆枯树枝，照料藤蔓——可能在这样的天气下，做两种工作还有些为时过早。画中的背景暗示了这是一个危险的季节，一只船搁浅在岸边，船上的旅客正在接受营救。勃鲁盖尔绘画世界的精彩之处在于色彩的对比和信息量的平衡，最能体现这个特点的一幅作品叫作《牧草》（图 98）。

勃鲁盖尔对前景人物的选择十分精心，对比发生在画面边缘处正全神贯注摆弄工具的人、行色匆匆的赶集人和三个下地干活的妇人之间。图中正在磨镰刀的农夫给予了画面一些平静的感觉，他的举动并不是很合理，因为牧场上的牧

图97 《阴郁的一天》，1565年
镶板油画，117厘米×162厘米
艺术博物馆，维也纳

这幅海岸风景画是勃鲁盖尔所有作品里最阴郁的一幅。黑色的色调给人一种暴风雨即将来袭的感觉。海洋旅行的危险表现在从搁浅破损的船中逃离的人们身上——其他画家不会对此细节作延伸描画，但是我们可以在勃鲁盖尔的这幅作品里找到。

图98 《牧草》，1565年
镶板油画，114厘米×158厘米
国家画廊，布拉格

画中的景象从前景中的一条土路开始，直达由牧田、山丘与河流组成的一片广阔风景中，而画面中间的牧草正切中了题目《牧草》。在前景中，右边的人们正要去赶集，与之相反的方向，三个年龄不等的女人手拿耙犁和瓦罐正向左边走去，那一边坐在阴影里的农夫正在摆弄着一把弯镰刀。

图99 《牧草》（图98局部），三个乡村女神

这三个乡村女人是勃鲁盖尔众多成功作品中的代表，她们对后代的深远影响可以一直追溯到鲁本斯身上（图140）。画家对她们年龄的选择很用心。处于中间位置的最年轻的女收割者正在向观赏者的方向看。

草已经被收割好，其他人有的在梳理牧草，有的在装车。尽管如此，在构图上他还是占据决定性的重要位置，因为他的存在让这条喧嚣嘈杂的小路变得平静起来，并且他引出了向右边中心处倾斜的对角线，对角线在牧场上急剧地下降，最后与其重合在一起。另外一处能够让场景冷却的是画面右方的参天大橡树。勃鲁盖尔在这条像“舞台”一样的小路后面描述的风景在色彩和地理特征的选择上与帕蒂尼尔的风景画有很大联系。在左边，一条通向山中修道院的陡峭的小路盘旋在岩石山间。附近是一处行刑场。在右边是无垠的田野和牧场，蓝色调开始越来越浓重，一直到河流和村镇出现的地方。

现存于纽约的《谷子丰收》（图101）是这组画中最出名的一幅，可能是因为那个在梨树下睡觉的人物形象吧。像素描《夏天》（图132）中的酒鬼一样，他是勃鲁盖尔创造的让人最难忘的人物形象之一。这幅画能保存至今纯粹是一个意外。1919年的这次交易对大都会博物馆来说绝对是一起最奇怪也是最奇妙的事件。一个捷克移民带着这幅画出现在博物馆，饥寒交迫，想要用这幅画换取一些钱财。馆长开始只是有一种预感，但很快就证实了这是勃鲁盖尔的真迹。这幅风景画把宽大的条状带从一排灌木丛延伸到右边的树林，缓缓地下坡，穿过前景来到左边远处的海岸线。看起来勃鲁盖尔几乎把两幅肖像画合并在了一起：左边代表着远处的风景，右边被界定为一处分开的区域，这块区域被农活整齐有序地占领。

尽管多数收获粮食和采摘果实的劳动者停下工作正在享受午休时间，但是为了达到清楚和有张力的效果作者还描画了一些仍旧继续工

图100 《谷子丰收》(图101局部)

从画中前景的最右边一直到最远处的风景，勃鲁盖尔用了几处次要场景来突出夏天的特征：放在谷子阴影下的瓦罐；被收割者的噪声吓走的两只鹧鸪；三个正在用滑轮把谷子搬上马车的女孩；池塘里洗澡的人；甚至更远处，可以看到有人正在果园里玩耍。

图101 《谷子丰收》，1565年
镶板油画，117厘米×160厘米
大都会博物馆，纽约

在所有的弗兰芒日历中，谷子丰收的季节被定在八月。而这幅画中也展现了大量的熟了的果子，因此可以推断这幅画代表了八月和九月。而后者一般都被描画成果实成熟的季节。

图102 《牧群归来》，1565年
镶板油画，117厘米×159厘米
艺术博物馆，维也纳

牧群的回归这个主题不是从弗兰芒日历或弗兰芒习俗中得来的。也许勃鲁盖尔是在把他对阿尔卑斯山上放牛人的印象和自己想要描绘一幅秋天山峰风景画的欲望结合在了一起。传统的果园丰收画被放到了画面中间的空地上，以及左侧的小屋前。牧人的牛群回到村庄是勃鲁盖尔自由创造的产物。牲畜的后背被正确地按照比例分布在林中小路上，而对它们皮肤的描画，虽然用了最少的笔墨，却给人栩栩如生的感觉。如果让我们决定哪一幅才是《月令》系列中的最后一幅画，或者哪幅画的手法最老练苍劲，恐怕就只剩下这幅描画晚秋的作品了。

图103 《牧群归来》（图102局部）

从山峰对面逐渐袭来的暴风雨很大程度地渲染了它的效果。

作的人。我们用肉眼就能分辨出底稿的素描，它记录着勃鲁盖尔是如何寻找分配布局的。他在画午睡者的轮廓时遇到了一些困难，比如不知道该如何放置脑袋下面的胳膊才最好。还有谷田中间小径的去向，因为它要带领观赏者的眼睛，以及走过来的提水者的比例大小，这些都是这幅画中容易出现问题的地方（图100）。但是，画中有很多其他能体现夏天情景的细节让我们觉得生动真实。在左边，鹧鸪从谷田中飞起，最右边，男孩爬到果树上正在晃动树枝企图把果子晃下来。尤其是被描画成苍白色的干燥热度，明亮的天空在越接近地平线的地方，颜色越发显出淡淡的粉色。在最近一次的清洁后，我们还发现了画面中靠左高挂在空中的月亮。

只有《牧群归来》（图102）这幅画中的丘陵、河流风景还无法确定这是否是弗兰芒日历画中的传统景色。在那里，牛群通常都出现在春天，散布在农房周围各式各样的劳作者中；这样的情景可能是在配种或产奶、纺织，抑或是缠麻绳。睡觉的牲畜被赶出去也是另一个常见的场景。在这幅特殊的作品里，牧群的归来被认为是一幅描述秋天的图画，与此类型的主题形成了对比。事实上画中另外一个场景展现了这是一年当中的秋季，因为勃鲁盖尔在中间的河岸边画出了丰收的葡萄园。因此，这幅画是对十月或十一月的描述。构图看起来很熟悉——观赏者从一个高点俯瞰着河流和对面的山谷。把河流的宽度清楚地推向地平线这一手法在之前的作品中被画家反复使用。相比之下让人更兴奋的是左边的村庄；它坐落在树林中，但被画得缥缈透明，以至于透过它远处的风景依旧清晰可辨（图103）。在这幅画中我们可以很自然

图104 西蒙·贝宁
《轩尼诗小时书》，十月
日历图册
阿尔伯特一世皇家图书馆，布鲁塞尔

秋天收获葡萄是小时书中农历月份里最常见的劳作，尽管对葡萄果园种植的推广在北方步履维艰。因此，实际上葡萄栽培方法的地位并没有得到重视，而看起来真实的葡萄酒交易（图109）和葡萄藤种植（图116）的场景在这里是一种误导。

地感觉到勃鲁盖尔加重了他的笔墨。在未完画之前，他小心翼翼地一点点尝试每一处细节。可树木的枝条被直接画在画板上，不带有一丝的怯意，也没有一丝对不知放在何处的犹豫。

一个相似的瞬间——对观赏者来说则更生动——具象派风格被运用到牧群中的牲畜和它们的驱赶者身上。勃鲁盖尔试图画出一头不合群的牛，需要牧人用长竿驱赶。在左边，一头牲畜闲游到下面的丛林中，而那头正在看着我们的长着黑斑的白牛正是此幅画中的那根“金线”（原文为法语）。勃鲁盖尔又一次把天气渲染出的情绪和风景的色彩特征和谐地结合在了一起。暴风雨前蓝黑色的乌云从右边飘来，与前景里的呈对角线状延伸到村庄的黑褐色土地形成了对比。图中的小河正沐浴在阳光里，又把前后两块黑暗的区块分隔开来。

《雪中猎人》（图95）这幅画是季节循环的收官之作。如果在一个乡间庄园里的话，这个系列的四幅画应该按顺序被对应挂在房间里的四面墙上。可是这幅作品到底是一年的开篇还是结束呢？画面中对角线向右下方延伸出的所描述的场景暗示这是一年的开始；但是中间的人物并没有被设计成要去打猎，而是正带着微薄的战利品回家。

综上所述，对这一系列画作空间顺序上的安排还未有定论，相似的难题也出现在其他几幅画上。牛群肯定正在回往牛栏，但它们却被赶到坡上面去而不是下面的牧场。再举一些例子，从主题的角度出发，牧草和谷子一起收割最合适，但勃鲁盖尔明显地在避免这种情况：在《牧草》这幅作品中，中间土地的左边，谷子正在生长，可谷子和牧草不管是在空间还是时间上原本是可以同时收割的。不管这两幅作品谁先谁后，我们都会观察到一个共同点，那就是它们都有对某一个特殊状态的加强渲染。

这一整体并不是连续的装饰画。图中风景的地区并没有连成一种环绕的景象，而是独立存在的。从主题上看，小时书中的万年历是勃鲁盖尔绘画灵感最丰富最广泛的源泉。但实际上给出基督教圣日和教会节日的日历没有在任何地方出现过。尽管这种“田园诗”式的四幅画格式和内容从未再出现过，但是对季节转换周期性的强调和对人们工作必要性的加重，让人想到一个似曾相识的人类理想——农业社会是一个更好的时代。

1565年后不久，这些作品易主到安特卫普金融家和税收官尼古拉斯·约翰里克手中，他很可能是这几幅画的委托人。因为勃鲁盖尔从未有过彻底的独立和经济上的保障，唯有先找到一个豪爽的买家他才会有底气负担这样大小的五幅画的开销。1566年的一份担保书证实约翰里克是当时勃鲁盖尔画作最重要的收藏者。根据担保文件，他拥有16幅勃鲁盖尔的作品，包括大幅作品《建造巴别塔》（图78）和《列队的骑兵》（图75）。他还拥有一些波希以及勃鲁盖尔对手弗洛里斯的作品。《十二月》只是担保文件的一部分，但不是全部。综上所述，12这个数字现在应该被当成一个比喻来理解，实际上只有六幅画而已。

它们最有可能被挂在安特卫普城门之外的蒂高特·贝肯乡村别墅，但并没有被证实，因为作为金融家和税务官，他在城里城外的不动产不计其数。我们有理由相信这处乡村别墅是安特卫普别墅扩建的一个部分，其独特的弗兰芒风格景色与意大利北部的风景壁画相对应。维特鲁威要求把这些写进他的建筑书籍中，他的书籍在几年前被彼得·考克翻译成荷兰语。这里的庄园别墅不是以一栋房子为中心的广阔园林。事实上它是一座四周也都是房屋的建筑，著名的地产商范·谢依贝克对它进行了开发并放到市面上出售——在那个时代，有钱人都在郊外购买度假屋，他们拥有了一处土地之后觉得自己就是地主，但其实还是城镇居民。显然几年之后约翰里克资不抵债，房产不得不交给安特卫普市政府托管。

事实上几乎不用提到另外的作品，仅《耕作的农民和伊卡洛斯的坠落之风景》（图112）一幅画就能说明勃鲁盖尔总在不自觉地把语言转换成图画。这幅通常被称作《伊卡洛斯的坠落》的油画，是他唯一一幅神话题材的作品。它源于希腊的艺术家和发明家代达罗斯以及他的儿子伊卡洛斯，讲的是伊卡洛斯用蜡和羽毛制作的翅膀飞翔。可是他没有听从父亲的建议只飞在半空中，而因为飞得太高离太阳太近，翅膀融化分解，一头栽向海面。画中对人物形象的安排，有耕作者、牧羊人、垂钓者，而坠落的伊卡洛斯只在中心海面的左边，毫无疑问勃鲁盖尔是在遵循奥维德《变形记》第八本书中的剧本，并比之前任何一位画家都更接近原著。在企鹅出版社的翻译版本中这样写道：“也许，正在来回晃动鱼竿的垂钓者，正靠在牲畜上的牧羊人，或是正在耕犁的农夫，看到他们从眼前飞过后一脸错愕，还以为在空中飞行的东西是神。”“现在朱诺的萨摩斯神圣小岛躺在左边，提洛和帕罗已经在他们后面，乐宾德斯在他们的右边，……当男孩伊卡洛斯开始享受一飞冲天

图105 《春天》，三月，四月，五月，1565年
钢笔画，22.3厘米×28.9厘米
阿尔贝蒂娜版画馆，维也纳

这幅《春天》来自于勃鲁盖尔未完成的《季节》系列，它严谨地遵循着乡村小舍花园的经典代表形象。在画的背景中有关于不同月份的场景画面。

图106 （左1图）西蒙·贝宁
《三月》，约1545年
弗兰芒日历
羊皮水彩
巴伐利亚州立图书馆，慕尼黑

这幅三月的图画展现了对花园的种植和清理。地主和他的妻子正在演示如何把枯死的树根挖出，以及如何护理乔木。

图107 （左2图）西蒙·贝宁
《五月》，约1545年
弗兰芒日历
羊皮水彩
巴伐利亚州立图书馆，慕尼黑

传统五月的图画中农民们不作业，而是在谈情说爱。图中的场景表现了音乐演奏者和美人一起泛舟河上。整个场景被设在一幅在多种蓝绿色调中变幻的赏心悦目的水景中。

图108 （左1图）西蒙·贝宁
《八月》，约1545年
弗兰芒日历
羊皮水彩
巴伐利亚州立图书馆，慕尼黑

跟勃鲁盖尔的同名作品相同（图101），贝宁的谷子丰收体现在许多活动中，比如收割、捆绑和搬运。其对应页的“页脚”（原文为法语）伴随着采摘果食的场景。

图109 （左2图）西蒙·贝宁
《十月》，约1545年
弗兰芒日历
羊皮水彩
巴伐利亚州立图书馆，慕尼黑

城市场景在弗兰芒日历中很罕见。这幅画展现了在布鲁日格鲁广场上的葡萄酒交易；前面，品酒正在进行，与此同时后面的人力踏车正在装运。

图110 西蒙·贝宁
《一月》，约1545年
弗兰芒日历
羊皮水彩
巴伐利亚州立图书馆，慕尼黑

弗兰芒大师们在对日历中冬天图画的描述深受最著名的小时书《豪华日课经》的影响。画中屋内烤火取暖，屋外劈柴火和白雪皑皑的情景都是在那里第一次出现的。

图111 西蒙·贝宁
《一月》，约1545年
弗兰芒日历
羊皮水彩
巴伐利亚州立图书馆，慕尼黑

打雪仗的场景是贝宁的改良之一，可以拿来与《梅耶小时书》中的镶边游戏装饰图媲美（图 57，图 58）。

图112 《伊卡洛斯的坠落》，约1565年
布面油画，73.5厘米×112厘米
比利时皇家艺术博物馆，布鲁塞尔

这幅岛屿风景画中有耕犁者、垂钓者、牧羊人和坠落的伊卡洛斯，这幅画是勃鲁盖尔唯一一幅描述希腊神话的作品。它在情景上遵循了奥维德在《变形记》第八卷里讲述的代达罗斯和他的儿子伊卡洛斯的故事，而在这幅作品中，目睹这次飞行的旁观者都被画在了画面的前景中。画家描画了他们的“视角”，这个极具戏剧性的事件并没有得到他们的任何关注，奥维德的书中甚至写道，伊卡洛斯坠落在离这些目击者很远的，远到他们看不到的地方。代达罗斯的缺席一直都被认为是一件让人惊讶的事情，但奥维德也说了，因为他要寻找儿子的尸体。

的快乐时，他对广阔天空的渴望使他离开了父亲的保护向上飞翔，直到他越来越接近炽热的太阳……”

因此勃鲁盖尔展现了奥维德的证人，那些在他的书中用双重修辞来描写的人物。他们强调了这次飞行中的特别人物，以及父亲和儿子瞬间飞过目击者和众多岛屿的速度。奥维德还陈述了这次飞行前前后后的细节。发明家代达罗斯杀了人之后不得不离开雅典流亡在外。他作为一个发明者在克里特岛为国王米诺斯工作了许多年，对此奥维德还提供了不同的发明和应对此发明的东西。可是最终在一次争吵过后，米诺斯王把父亲和孩子都驱逐出境。飞行实际上是他们唯一逃出生天的路径，他们的目的地是故乡雅典。看上去谋杀的罪名已无人问津。代达罗斯想飞回去做一个和解，伊卡洛斯大头向下栽倒的瞬间，他骤然想起了他的经历和他的罪过——过分的嫉妒心，使代达罗斯把他的外甥同时也是他最有天分的学生塔洛斯从阿克罗波利斯城墙上推了下来。艺术之神密涅瓦把坠落的人变成了一只鹧鸪（拉丁语中塔洛斯的意思为鹧鸪）。

把人变成一种鸟，还跌进了沼泽渠，含蓄地展现了一句话：飞不高落不远。但是，在勃鲁盖尔的作品里，却跟动物学定义不相干，鹧鸪坐在水上面的一根树枝上。右下角原来是一幅有自己层次的画中画——岸边有垂钓者、鹧鸪和往来的船只，旁边才是一头栽进碎浪中的伊卡洛斯。只有垂钓者真正把这一切和目击者所在的小岛连接在了一起。

早期对《伊卡洛斯的坠落》最出名的阐述中同时展现了那次飞行和因代达罗斯而起的丧礼（图114）。在这里也是，鹧鸪一改往日常态坐在树枝上。在奥维德书中，讲述了逃亡的故事以及那次以悲剧告终的飞行：死后变身的塔洛斯嘲笑着伊卡洛斯的死，因此加重了代达罗斯的悲痛。在这幅画中，找不到代达罗斯的踪影，他的缺席让人意外，而原来故事里目击那次飞行的次要人物们却在这幅画上跃然纸上。经过很长一段时间的思考，高空中的人物形象被认为着墨过多，在一幅临摹中我们看到代达罗斯出现在左上角。换句话说，远处伊卡洛斯坠落的风景假定观赏者已经了解这个故事，因此人们轻而易举地忽略掉其父亲也在情理之中——大家对这个故事里的元素都了然于胸。最后，这幅画一字一句地遵循了奥维德的文章：代达罗斯飞在前面，后来才发现伊卡洛斯已经坠入水中。因此他不得不四处寻找，直到儿子的尸体被海水冲到岸边。上面提到的临摹画的作者完整地描述了这个故事，但却少了勃鲁盖尔对奥维德诗作的深刻理解。我们可以猜测一下，是深深的自责让代达罗斯后来没有飞去雅典而是去到了西西里岛。

勃鲁盖尔除了对《变形记》内容的完整理解和对奥维德插画的迷人处理之外，还有第三个特点——他对伊卡洛斯神话叹为观止的深思熟虑。从一幅画（图117）左半边的一处细节里可以发现这个特点。在左边，果树树干方向，耕犁人的犁沟里躺着一个死人，我们只能分辨出他的头骨。很久以来，人们都把它跟一个寓言联系在一起：“农民不会为了一个死人而放下耕作。”——这是一个令人费解的寓言且不源于任何神话故事。但这却是对伊卡洛斯、死人及中间的耕犁人空间对称的一个解释。

希腊神话里有位希腊农夫叫作伊卡里修斯，他在家里招待过酒神狄俄尼索斯，作为对酒神送给他一片葡萄园并教会了他如何酿酒的答谢。但当他把按照此方法酿出的酒送给其他农民品尝并向他们推行果树种植时，却被殴打致死。因为那些农民还不知道酒精的作用，以为他想要毒死他们。人们是通过希吉努斯天文学中的占星解说知道这个故事的。希吉努斯偶尔在牧夫座出现的那年讲述它，并解释伊卡里修斯（牧夫星）或是他女儿里戈涅的位置。对于父亲伊卡里修斯的死，里戈涅悲痛万分，结束了自己的生命，于是神把她变成了一颗星星。不远处的天狼星（像小狗的星星）也和这个悲伤的故事联系在一起，因为它让人想起帮助里戈涅寻找死去父亲的那只小狗。

于是这两个故事给耕犁人提供了出处。我们在春天的夜空里可以看到这些星星，而月令劳作图中不仅展现了耕犁人，还有牧人和垂钓者，几乎都是春天独有的（图116）。还有，在希伯来语（在16世纪被认为是一种“原始的”语言）中，词根“伊卡”（ikar）的意思是“农夫”。隐含在勃鲁盖尔作品之下的，是一个有画面感的文化对比，它包含了弗兰芒农日历装饰图，罗马文学和希腊神话，这个对比创造了画意和语意之间的连接。可令人没想到的是，画里的耕犁人是一个年轻人，里面穿着长背心，外面穿着红短袖，有一种不合时宜的喜庆感。但就是这个令人费解的人物把所有的拼图拉在了一起，并作为一个有着前后承接作用的人物形象出现在后面的农民图画作品中。如果没有耕犁人和他在时间上的含义，勃鲁盖尔仅有的这幅神话作品会显得十分格格不入。

存于维也纳的《农夫的婚礼》发生在一个有着少量装饰的谷仓里（图118）。人物和他们

图113 不知名画家
《伊卡洛斯坠落在萨默斯岛附近的爱琴海中》，约1560年
木版画
古艺术和历史博物馆，柏林

这个主题含义在16世纪的改变要归功于有野心的年轻一代和这位钟情于飞翔的受害人。尽管早先他被当作在神面前自大狂妄的反面教材，但现在他却变成了求知者，不仅他的勇气得到了欣赏，他的死亡也被美化成忧伤的代表。奥维德的《变形记》和对此的翻译一直都是最重要的线索：“伊卡洛斯越来越接近太阳，他用羽毛和蜡做的翅膀分解融化，他一头栽到了海里。”

图114 奥维德
《伊卡洛斯的坠落插画》
来自：《变形记》，威尼斯，1522年

这幅来自《变形记》第八卷中的插画同时展现了两个连续的情节。在空中是代达罗斯和伊卡洛斯，身上插着用羽毛和蜡做成的翅膀；在海边，这位父亲正在亲手埋葬自己的儿子，其所遭受的打击让他支离破碎。

图115 《伊卡洛斯的坠落》（图112局部）

坠落的伊卡洛斯被描画得很小，沉没在小船前波涛翻滚的海浪中。树枝上的鹧鸪是故意和他成对出现的：根据希腊神话故事，这是他化身为鹧鸪的表弟塔罗斯，他将会在伊卡洛斯的葬礼上嘲笑代达罗斯。“塔洛斯”在拉丁语中是鹧鸪的意思。

图116 西蒙·贝宁
《二月》，约1545年
弗兰芒日历
羊皮水彩
巴伐利亚州立图书馆，慕尼黑

贝宁著名的《二月》微缩图展现了坐落在海岬上的葡萄园中的劳动者，以及后面不远处的一个耕犁人。在画面的右下角可以看出入口和一顶渔夫的帽子。岸上的渔夫和海里被风暴侵袭的同伴，让这幅风景画带上了戏剧化的特征。

的特征给这幅画带来节日的气氛。画中的长桌和《最后的晚餐》中的长桌很相似，都遵循了古代的传统风俗装饰；桌子一直伸到左面背景处谷仓的角落里。谷仓里有足够的空间可以让宾客尽情享用佳肴和娱乐。谷仓的门被卸下当作摆放两种不同汤羹的托盘。装啤酒的陶罐放在左下角，一位侍者正在把啤酒往小杯里灌。上面坐在桌子前的人正在传递食物，几乎在不经意间，目光越过饭桌，来到了新娘身上。她坐在那里，脸上表情愚钝，半睁着眼，两手交叉在一起，她身后墙上挂的绿色毯子和纸王冠表明她的地位与众不同。和当时风俗保持一致的是，新郎并没有出现。不允许新娘吃任何东西也遵循了当时婚礼的习俗。在坐在右边的一群人上方，新娘父亲对角的地方，挂着一捆麦子，意味着被祝福。它们还暗示着这发生在那个时代人们最喜欢举行婚礼的季节，即收获之后的几周之内。这里的美酒佳肴绝不是对农民们放纵的批评。每个人看起来都在享用着食物，尤其前面坐在地上的小孩，而宾客们要么正喝着杯中的酒，要么正在往口中送食物。

反对农民享乐主义的批评在之后成为一种流行，17世纪赌博和酗酒在发展的“文学艺术”上被认为是恶行的表现。在这里，是勃鲁盖尔对艺术求知的动力和对人性敏锐的洞察力造就了这幅先锋之作。如果拿理想美学当作衡量标准

图117 《伊卡洛斯的坠落》（图112局部）

耕犁人正向着枯树下的骷髅走去，但他对此丝毫未有察觉。这具头骨可以被认为是雅典农民伊卡里修斯，他是被其他农民殴打致死的。神把他和他的女儿里戈涅变成星星后，他们从此就成为了春天播种的代表。

图118 《农夫的婚礼》，约1568年
镶板油画，114厘米×163厘米
艺术博物馆，维也纳

来往的宾客手中拿着食物和饮品，正享受着婚礼的热情款待。这是勃鲁盖尔唯一一幅大幅画作，其中包含好几处内在场景。场景设计在一个谷仓中，但唯一能够证明这点的是后面的墙壁。看得出墙上的装饰是用来突出宾客中间新娘地位的重要。她挨着父母坐在绿色的挂毯前面，而她父母的头上挂着两捆交叉的谷子穗，代表着早生贵子。

去寻找，恐怕要在勃鲁盖尔的绘画世界里落空，因此可以得出结论，这幅画中的宾客形象被讽刺和荒诞地扭曲了。在这幅充满节日气氛的画作里，勃鲁盖尔也许发明了一些夸张的手法，他曾把这种手法用到描述腐败的情景上，但他的厉害之处在于能够在这两者中形成一种和谐的并列。

对于像勃鲁盖尔这样的艺术家来说，对内容上的疑问同时也是格式上的难题。同存于维也纳的《农夫的舞蹈》这幅画中（图120），以前勃鲁盖尔作品中频繁出现的笨拙人物形象开始动了起来。从画面右边向着舞池跑过去的男人的手脚看起来并不协调，从他右脚踝的裤褶子上看得出这是一首快节奏的曲子，他一直在舞蹈、奔跑和跺脚之间反复。以一杯美酒作为答谢，吹风笛的人很可能被要求再吹上一曲，他靠在桌子前，桌子的另一面被狂欢的喧闹者占据。勃鲁盖尔还展现了激烈的争吵、刺耳的歌喉、身体上的暴力、一对热吻的情侣，还有一个喝醉酒面壁的人。观赏者的目光从另一所挂着华丽彩旗的房屋扫过，在旗子下面，一位不情愿的妇人正在被引诱到舞池中。目光来到围观者、村庄里的绿色植物和教堂上面，那里聚集了更多的人。教堂前面，可以辨别出商贩的摊位；这处场景的特写在构图上被巧妙聪明地放在一起，仿佛作者正在邀请观赏者一起加入舞蹈。除了农屋之间显出的绿枝，村庄背后再无风景，为的是给舞蹈和街头庆祝留出空间。这座村庄带给人的其乐融融感和画中人与

人之间的近距离被精致地连接在了一起。

在现存于底特律的《露天的婚礼舞会》（图119）这幅作品中，农民舞蹈里缺少了那种亲密的比邻感，尽管两幅画的主题相同。在右边，我们再一次看到吹风笛的人，画中有跳舞的、喝酒的、拥吻的，当然还有置身事外的旁观者。画面中间一对举起挽着的手的男女有节奏地把观赏者的目光吸引到画中。勃鲁盖尔轻易地变换着人物的姿态，可以看出不同类型的人姿势的不同：有的戴着白头巾翩翩起舞，有的是戴着平顶帽的帅气年轻人，有的则是戴着褶皱帽的满脸褶子的老人。画中的色彩也带着节奏感：褐色的基调上分布着红白蓝色，和谐而平均。从艺术对比上看，维也纳的那幅画中有吹风笛和倒啤酒这个次要场景，而这幅画中勃鲁盖尔尤其集中描述人们跟着音乐摆动的情景。音乐、节奏还有律动把对粗鲁农民社会的回忆推进了背景中。

图119 《露天的婚礼舞会》，1566年
镶板油画，119厘米×157厘米
底特律艺术学院，底特律

举行庆祝的地点一半是树林，一半是空地，空地上遍布着随着风笛声起舞的人，而角落中旁观的人正在自娱自乐，他们喝着酒，看着别人舞蹈。新娘坐在背景中的桌旁，身后挂着一件衣服。勃鲁盖尔把画面分成舞蹈者和观望者两个部分，呈现出一个三角形的舞池，几乎所有人都在里面晃着腿，向上挥舞着胳膊，或手叉着腰。在这里，我们还是可以用肉眼看到勃鲁盖尔小心翼翼的素描轮廓，它给予了这幅原本就很生动的画更多的鲜活感。

图120 《农夫的舞蹈》(《农夫的露天狂欢》)，约1568年
镶板油画，114厘米×164厘米
艺术博物馆，维也纳

虽然节日的庆祝是在街上举行的，但是对桌子和舞池的安排竟和在室内没有什么两样。律动感从画的右边带入，一位年老的农夫正在牵着自己的舞伴。他的双腿弯到了不能再弯的地步，画家想要给人带来一种急速的感觉。勃鲁盖尔用这些大比例的人物形象在我们的记忆里打上了烙印，尽管他很少画这种大型的人物，就像这里展现的，它们只出现在他人生的最后几年中。

深入阅读：友人和收藏家

图121 菲利普·加勒
《亚伯拉罕·奥特里斯》，1579年
铜版画，《世界概貌》卷首，安特卫普，1579年
市政印刷品，普朗坦-莫雷图斯博物馆，安特卫普

碑文的译文：奥特里斯向人们展现了世界，而加勒向世界展现了奥特里斯。这句话讽刺了制图学和艺术之间的较量关系。但他们都被彼此学术的实用性说服并从中得到启发。

自从卡雷尔·范·曼德写了这位艺术家简短的传记之后，我们从勃鲁盖尔的朋友和熟人那里可以得出他生平的一个完整的形象。一个贴切的座右铭就是“告诉我你的朋友是谁，我就会知道你是什么样的人”，从他的朋友那里挖掘到的勃鲁盖尔的逸事，超出了我们先前对他的猜测。在对他朋友合理认知的假设下，我们可以重新构建出这位艺术家在才智和社交上的状况。可遗憾的是，我们对商人汉斯·弗兰切特没有进一步的了解，如范·曼德所写，汉斯曾与勃鲁盖尔一同去过乡村集市。这两位与勃鲁盖尔同期的杰出收藏家，一个在安特卫普，一个在布鲁塞尔，而勃鲁盖尔也曾在两个地方生活过。

同样作为艺术品收藏家的红衣主教格朗韦勒，在克里斯托夫·普朗坦的推动下推行了第一本多语种《圣经》的出版，而另一位收藏家，商人兼税务官尼古拉斯·约翰里克（1517—1570年）则和作为纯朴农民画家形象的勃鲁盖尔格格不入。这两位收藏家与西班牙政权关系密切，并且都在艺术上做出了杰出的贡献。然而，单从这些线索中我们还不能判定勃鲁盖尔是更多地把他们当作雇主还是当作志同道合的伙伴，或者也可以说，勃鲁盖尔在某种程度上和他们是一种带有人情味的在艺术上的往来合作。勃鲁盖尔的少量作品给人一种优越感——也可以说是出色的表达——对古典故事的认知；然而，勃鲁盖尔的大部分作品没有受到传统文化主题标准的约束，并经常被拿来与当时的其他作品做比较。如果对此要有一个解释的话，我们必须回到之前提到的“雄辩家”，这个文化公会的成员或雄辩家的会议厅在很多城镇里都能找得到，并且后者对所有市民开放。他们一年一度的庆典主题都跟文学有关。这些事实都证明，当时在有文化背景的人群中出现了令人吃惊的民主化，就算是现在我们也无法给出合适的解答。相反地，在有声望的收藏家中出现了一种宣扬自己兴趣的趋势。在街上听别人讲话是一种被认可的常态，不应该被当作卑微和被嘲笑的对象大肆遣散。

格朗韦勒来自于贝桑松。他的父亲也曾是一名红衣主教，后来还晋升为查尔斯五世的顾问。在勃鲁盖尔关键的创作时期，他为居住在梅赫伦的总督帕尔马的玛格丽特工作。格朗韦勒在布鲁塞尔城附近拥有一座带有护城河的城堡，城堡的花园里还有一个小型动物园。所以，他可能是勃鲁盖尔在1562年从安特卫普搬到布鲁塞尔的原因。但在1564年格朗韦勒自己却搬到了那不勒斯，期间很有可能携带着勃鲁盖尔的作品。这就是那两幅——容易携带的《厌世者》和《盲人的寓言》，它们是布面画，可以卷起来——在今天也仍然适用。传说他从布鲁塞尔逃难出来后，不久便委托中间人莫里荣将遗留和被掠夺的画作买回。但他发现这些画作的价格在勃鲁盖尔死后没几年的光景里竟然已经翻了好几番。

但是，最出名的收藏家还要数安特卫普的商人兼税务官尼古拉斯·约翰里克。据记载，他在1565年时已经拥有16幅勃鲁盖尔的作品。后来他是否有充足的资金去买更多的画我们不得而知，因为在记录中还提到他拥有的画作是担保物。约翰里克把他的收藏以16000荷兰盾的价格向安特卫普市政府作担保以帮助他的朋友德·布鲁内清还债务。

16世纪60年代被认为是安特卫普腐败盛行、金融崩溃的时期。第一国际交易所发生了第一次汇率崩盘。约翰里克可能因此损失了一大笔财产，其中包括他在近郊的蒂高特·贝肯乡村别墅，安特卫普地区的地图中曾提到过这处别墅（图124）。约翰里克收藏的作品非常可能就放在其乡间别墅里。我们大概能猜到这栋庄园别墅可能是安特卫普最精美的一处房子，因为它被政府划分为最高等级的房屋，每年要征收200弗罗林的税款。

在这栋别墅附近就住着之前提到的德·布鲁内，他住在一个十年前开发的别墅区中。由于维特鲁威和塞尔吉奥所著的建筑学理论在16世纪中叶被翻译成了荷兰语，这些建筑物就被当成了乡村别墅的典型代表，可是这一点却永远无法得到证实，因为在1585年安特卫普受到围攻时这些建筑无一幸存，相关的文献也没有保留下来。然而，很明显像这样的别墅一定拥有一间图书馆，用来举行社交庆典和外交会议。有一封信的其中一段暗示西班牙国王菲利普二世曾经到访过这个地方。而且多米尼克斯·兰多尼亚斯在1563年慷慨地赞美这个图书馆，并且把它推荐给所有“意大利学生”——他推荐的原因是安特卫普天主教徒弗兰斯·弗洛里斯的重要著作是在这里研究的，兰多尼亚斯认为它跟意大利艺术不分伯仲。从这些作品的铭文中可以了解到这些画原本就是为乡间别墅而作的，而且画中的景色应该在“安特卫普附近”找得到，当然，现今人们只能通过碑文来了解。即使是在那个时候，收藏也不限于单一的风格。像波希这样的早期大师，还有当时的勃鲁盖尔，他们的作品都可以卖到一个很高的价钱，尽管弗洛里斯笔下的英雄形象更适合公开场合的展览。

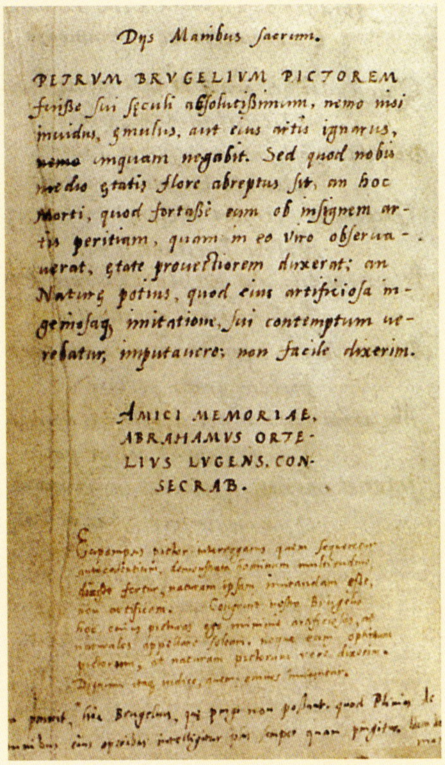
Dys Manibus sacrum.

PETRVM BRVGELIVM PICTOREM fuiße sui seculi absolutißimum, nemo nisi inuidus, emulus, aut eius artis ignarus, unquam negabit. Sed quod nobis medio etatis flore abreptus sit, an hoc Morti, quod fortaßè eum ob insignem artis peritiam, quam in eo viro obseruauerat, etate prouectiorem duxerat; an Nature potius, quod eius artificiosa ingeniosaq. imitatione sui contemptum uerebatur, imputauero; non facile dixerim.

AMICI MEMORIAE. ABRAHAMVS ORTELIVS LVGENS. CONSECRAB.

图122、图123 亚伯拉罕·奥特里斯
《书友》，1574—1596 年
布鲁克学院，剑桥

奥特里斯的朋友遍布欧洲，也包括我们这本书的主角。他为死去的朋友勃鲁盖尔撰写了一篇讣文，讣文中把勃鲁盖尔和经典的艺术家们放在了同一个高度。这篇文章显然用了很多笔墨，图中第一页的空白处已经写不下，甚至占用了另外一篇文章的空白。在左手边的那页，页角处写着“他画出了许多别人无法描绘的东西”（原文为拉丁语）。

图124 克里斯托夫·普朗坦
《安特卫普周边地图》，1582年
铜版画，26厘米×45厘米
市政印刷品
普朗坦-莫雷图斯博物馆，安特卫普

这幅《安特卫普周边地图》中展现了约翰里克的乡间别墅，这幅作品是罕见的有关安特卫普城外郊区别墅的参考资料。这种别墅在特贝肯地区，这个地区被城市开发商投资者特贝肯开发并命名。在马克格雷街的中间标记着“约翰里克”。这栋乡间别墅在1585年安特卫普城受到亚历山德罗·法纳斯的围攻时被摧毁。

最后的作品——回顾和特写

图125 《年迈的农妇》，约1568年
镶板油画，22厘米×17厘米
巴伐利亚国家绘画收藏馆老绘画陈列馆，慕尼黑

《年迈的农妇》这幅画在勃鲁盖尔的作品中十分独特。因为其他肖像风格的作品都没有留存下来，也没有更深入的研究。这个老妇人头戴白帽出现在画面中，她后面的背景阴暗，空间感模糊。她薄薄的嘴唇微微张开，每一颗牙齿上的光泽都加强了空隙的效果。向上空洞的凝视、松弛的下颚暗示着冷漠，而不是在说话。画家不仅残忍地暴露了她的衰老，还暴露了她失控的表情，可以肯定任何雇主都不会允许被这样描绘。因此，这是一幅研究头像画法的肖像画，其目的目前还不清楚。

在生命的最后几年，勃鲁盖尔专注于对个人像和群体像的描绘。这些人物不再和广阔的风景连接在一起，而是被转换到简朴的周边环境中，放在画面的最前方位置，甚至有些人物好像就要从画中跌出来。这些人物在画中的比例变大，他们的身体看起来更沉重。忽然之间，仿佛勃鲁盖尔在意大利之旅期间从拉斐尔（1483—1520 年）和米开朗基罗（1475—1564 年）身上受到的艺术影响显现了出来，甚至也可能从像弗兰斯・弗洛里斯那样的尼德兰天主教徒那里受到了影响，因为后者在勃鲁盖尔生活的城市中建立了一个完全专注于意大利绘画的大型研究工作室。

晚期绘画作品的主题在许多方面都已被鉴赏勃鲁盖尔的专家和这本书的细心读者所熟悉，因为这些主题在 1560 年前后创作的多人物场景作品中被当作单独的次要场景描画过。这些细节值得在“百科全书”以外的地方被描绘，也接近早期镶板油画的某些特点。即便在那里，每幅小图画都承担着它们自身的重量。我们可以假设从他自己的作品中拆分出的小主题符合他的顾客和收藏家在图画感知上的发展，因为大概是他们要求他把单独的图画从整体的图画中分离出来。如果果真如此，当时的人已经将更多注意力放在了勃鲁盖尔作品的细节上，而他们的智慧证明了勃鲁盖尔的绘画创作在他有生之年已经受到了欢迎。可是不能把所有的细节压制成一个道德的代表，好比勃鲁盖尔批评的“乱七八糟”的世界。更有甚者，在他的早期作品中，人物构成了谜一样的画面并带给人一种饱含寓意的感觉，并且每一个人物都有着不同的释义。如果让他们都从属于一个道德代表，这是一种从未被他考虑的简化方法，一旦它们相互矛盾起来——那么它们本身也会变得自相矛盾。

勃鲁盖尔对他的早期作品和对自己画作引用的处理，几乎与他自己的后期经典作品背道而驰，但是却在他的儿子和其他人的绘画作品中得到延续。大儿子扬・勃鲁盖尔（1568—1625 年）和小儿子彼得・勃鲁盖尔（1564—1637/1638 年）把他们自己和许多人物放到父亲的大幅风景画中，而且对许多幅画进行了多次临摹，有的甚至多达十几次。他们从父亲后期许多不朽的作品中吸收了经验，但是他们缺少父亲身上那种开放的见识，而正是这种开放性使勃鲁盖尔把自己那些不守旧的小图画变成了一个个独立的画作。他的儿子们没却有选择可以被独立组成组图的图画片段或者独立场景。原因可能是他们的成功只来源于对父亲著名作品的临摹。和大量林地风景画一样被临摹的，还有列队的骑兵等其他主题，扬・勃鲁盖尔和彼得・勃鲁盖尔也描画人物的头像。我们只知道扬・勃鲁盖尔曾画过一幅这样的画，但是因为版画的产生，在 16 和 17 世纪，他的艺术生涯和小幅农民肖像画紧密地联系在了一起。

跟从已有作品中截取的画作不同的是，对《年迈的农妇》（图 125）的头像研究没有基于任何视觉语言设计。从时间和风格上来说，这个人物更接近《农夫的舞蹈》和《农民的婚礼》中的人物形象，比如画中的新娘和她的父母，或者是那个正在舞蹈的农民（图 127、图 128）。这幅小作品被当成一个研究范例，企图放在更大的作品中，然而这个作品从没有被保留或复制。这幅头像不能被当成一幅真正的肖像画，因为有谁会为这样一幅画买单呢？从那个时期流传下来的少数肖像画中的被画者并不来自高贵的人群。一位上了年纪的农妇，侧面被毫无保留地在画面中展现，完全可以排除是客户的可能性。而费拉拉《宫廷小丑戈内利亚》中，那个年迈的、没刮胡子的男人则更简单——甚至不需要理由——也被归为勃鲁盖尔之作，尽管现在这幅画被认为

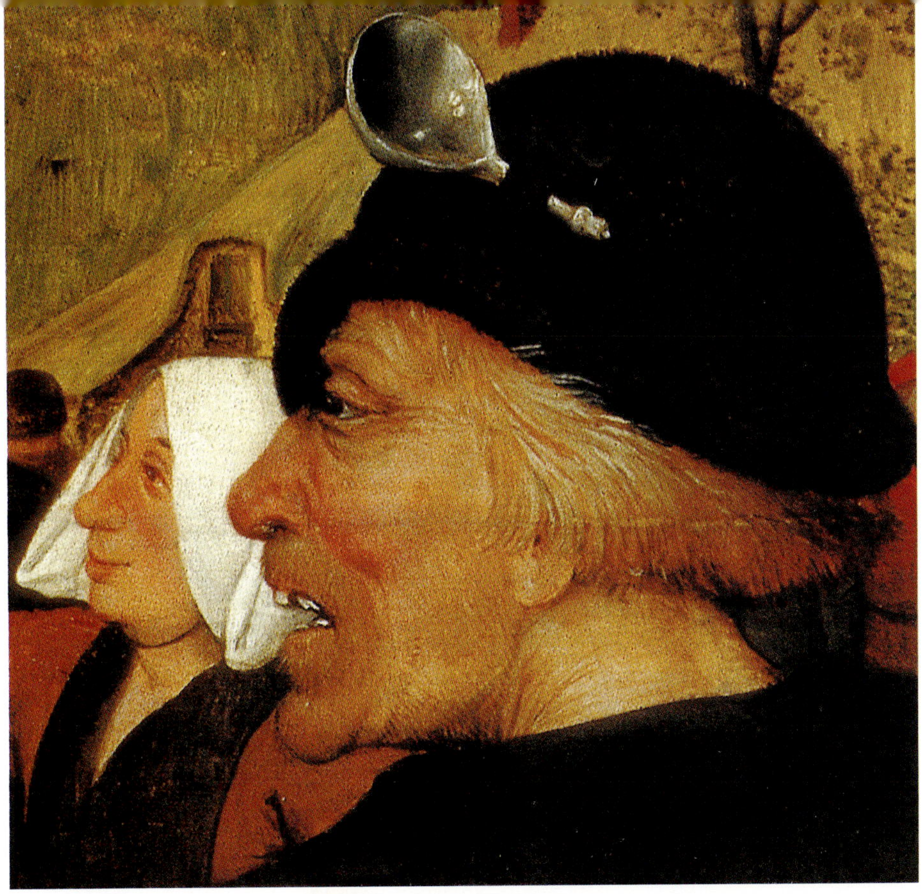

图126 （对页）让·富凯
《贡拉，费拉拉宫廷小丑》，约1445年
橡木板油画，36厘米×24厘米
艺术博物馆，维也纳

这个小丑在一幅有标注的副本中被确认为贡拉。他效忠于费拉拉埃斯特家族尼科洛三世。冒着油光的鼻子被描画得很自然。衣服和双手不知道被谁重新润色过，在很长一段时间里都难以归属作者。

图127 （左图）《农夫的舞蹈》（图120局部）
舞者的头部

勃鲁盖尔晚期作品中的大人物形象被重塑得更加有个性。对这幅画中人物的研究显然是针对舞者的脸部特征的，与《捕鸟者》（图137）中少年圆形的、几乎肿起来的脸相比，图中的农夫更惹人注意。不带有任何面部表情的球形头像是勃鲁盖尔《儿童的游戏》中的人物特征。

图128 （下图）《农夫的婚礼》（图118局部）
新娘和她的父母

勃鲁盖尔作品中精确的容貌重塑和图画空间尺寸的大小有关系。距离上较远的人物从未被准确地刻画过。但是，单个人物特征描画的缺少不等同于漫画，因为整个画面的设计应该是从属于人物的。

图129 《盲人的寓言》，1568年
布面水彩，86厘米×156厘米
卡波迪蒙特国家博物馆，那不勒斯

“问道于盲，无益于事”是跟盲人有关的最著名的谚语。但画中这么长的一个盲人队列，在谚语（或圣经故事）中很难找到同等的比对：这是针对全人类的盲，还是图中这个团体里无信仰者的盲？

画中的盲人是勃鲁盖尔晚期独立不朽风格的最令人赞叹的一个证明。盲人的队列正在倒下，向前推和向后拉一起构成了一个独特的前后摇摆动作；中间的三个人紧挨在一起，伸出了胳膊搭在前面的肩膀上。另一只胳膊的肩膀又被别人抓住，给这处场景又增添了难度。

是让·福克（1415/1420—1477/1481年）的作品，他受雇于米兰法院，最终却被其处以死刑（图126）。只有《艺术家和鉴赏家》（图5）才被人认为是勃鲁盖尔的肖像画，但它却也背叛了理想化的意图。画中这位年迈的农妇显然与《疯狂的梅格》（图67）有着相同的特征，只是少了几分疯狂。但如果画中的落款日期是正确的，那么它就不是对那幅作品的初步习作。图中的侧面轮廓和向上的凝视当然可以被当作祈祷者和奉献者的姿势，但我们仍然可以猜想这幅头像和其他“人物”的头像一样，可以被视作勃鲁盖尔艺术的一个集中的样本，确实，在某种延伸的程度上可以看作是一个商标。由此可以想象佣金是存在的，因为如果没有一个大型工作室，画家是不能按照自己的意愿随便作画的。他的作品此后受到追捧，并且更多的收藏家收到小幅样品后感到很满意。人文主义者亚伯拉罕·奥特里斯在勃鲁盖尔死后开始撰写一本讲述友谊的书——《友人书》，他在书中赞扬勃鲁盖尔对人物描画的坦率：

“对于那些在自己黄金时期刻画人物的画家，他们只挑选人物天性中令自己满意的特征进行描绘，这是对被画者的完全扭曲，因为偏离了模特，也就是偏离了真实的美感。但勃鲁盖尔从未掉入这个误区中。”（图122，图123）

除了《年迈的农妇》中的头像，勃鲁盖尔可能还画了其他人的头像，奥特里斯对《年迈的农妇》的评价是，真正的美感来自于忠实于真实的样子。比如，我们从一处后来被雕刻的图画副本中看到的打哈欠的农民，也被提到是勃鲁盖尔的创作。事实上，《戈内利亚的傻瓜》和《年迈的农妇》是可追溯的肖像画发展史的次要趋势。当然，它们不同于富有公民和王公贵族的肖像，可它们存在的目的是为了打动别人，而不应该被当作奇异艺术风格和漫画被打发。

在绘画的等级中，农民主题是排位最低的主题，在勃鲁盖尔死后才得到推崇。随着这个等级的位置与日俱增，勃鲁盖尔从17世纪到19世纪陷入了被遗忘的境地。一直到19世纪末期，人们对他的兴趣才再次被唤醒。随后，令人没想到的是，他作品中“原始的”和“古代的”人物特征受到赞扬，而原来的“农民画家”和“小丑彼得”的称呼已经再无人提起。勃鲁盖尔肖像画表达了众多栩栩如生和逼真的面部特征，可以被人依照学术规范拿来进行品头论足。与稍后出现的绘画流派相反，勃鲁盖尔对人的尊严很感兴趣。勃鲁盖尔的肖像画，诸如《年迈的农妇》以及存于维也纳的农民节日欢庆图中的人物（图127，图128），它们一旦与整幅画相结合，作品立刻就变得独具一格。

存于那不勒斯的《盲人的寓言》画于1568年，是勃鲁盖尔少量的布面油画作品之一（图129）。五位盲人一个搭着一个，敲打着地面向前走。当他们的向导——也是一位盲人——正跌入水沟的瞬间，勃鲁盖尔捕捉到了他们的动作。看起来即将发生的灾难就要让他们全军覆没，但目前他们中多数人的脚还在地上。勃鲁盖尔曾在《弗兰芒谚语》中描述了一个相似的队列，就在地平线上。正所谓，“当盲人领导盲人，他们都会倒下”。这是对虚假顾问和不可靠领导人的一个警告。这个基本的释义当然也适用于《盲人的寓言》，但这幅画也被质疑代表着决定性。可以假设这幅画需要有更复杂的图画设计来描画盲人，以达到和这样绘画状态的一致。在勃鲁盖尔去世30年以后，“栩栩如生”（原文为德语）这个词被范·曼德在艺术论中使用。他认为一个画家应该对一个故事熟知并知道它以前是怎样被描绘的，目的是为了判断一个主题是否有被描绘的素质。但不管是在文学还是语言学的研究中都找不到此盲人主题的历史出处。而只有一些简单的先例，比如科内利斯·马塞斯（约1510—1562年）绘制的一幅小印刷插画。波希曾创作的那幅盲人的画作似乎也凭空消失了。尽管如此，现代的学者还是提出了各种各样与主题相关的问题，表明这幅画的基础。比如，画面中的教堂不是一个偶然的背景图案，它代表了圣经故事中有关于盲人的记载：人类灵魂中的盲目是有意的，对于无信仰者，就像在马太福音（15，14）中说的那样：“任凭他们吧，他们是盲人中盲目的领导人。问道于盲，无益于事。”

从早期的描画上转移出来，勃鲁盖尔在这里将盲人的数量从两个增加到六个。更长的队列在这里意味着“一支无尽的队伍”，作为一种警告提示盲目的人性。然而，这也表明了勃鲁盖尔对于人物盲目性的刻画是多么的生动。在《狂欢节和四旬斋之战》（图56）中，盲人同样也是最具表现力的人物描画之一。在这里，他们没有眼睛，周围的皮肤已深陷入眼窝。他们中每一个人的态度都暗示着即将落水的预感，但是，除了他们的领导者之外，剩下的每个人都用自己的双脚牢牢保持着平衡。这可能超越了任何文本参考，这幅画最初是如何构想的，又是如何把捕捉到的盲人本质描绘成一幅画展现在我们视野中的？当然，这不只是通过空洞的眼窝，还有肢体的动作，甚至是风景。这幅画本身就很古典。画中的水沟（在画的右前侧）延续下去成为一条

图130 《厌世者》，约1568年
布面水彩，86厘米×85厘米
卡波迪蒙特国家博物馆，那不勒斯

厌世者憎恨人类，因此他在画中以一个僧人的形象出现，带着一个让人意想不到的钱包。正在试图解开他皮包的地球仪人代表着世界的虚无。勃鲁盖尔在画中进行了对比，把他们相互连接起来，作为一个完整的悖论。如果所有即是虚无，那么最终，带着地球仪的人要钱又有何用？牧羊人看起来是在隐喻厌世者正处在一个坏的世界里，并用一种相似的方法告诉观赏者：勃鲁盖尔指出在循环的过程中没有受到干预、打断和抢先，不管是代表虚无的贼，还是受害者踩在脚下的图钉。

潜水线。在盲人后面，土地渐渐平缓。空白不再是绘画中的担忧之处，1560 年左右的作品中就可以证明这一点，在这里也没什么可隐藏的。可能裸露的景观本身不能作为一个寓言。稀疏的景色正好与盲人可悲的灰色斗篷搭配。一幅柔和的风景，没有高度的突然变化或戏剧性冲突——这里，相继跌落水中的每一个盲人的地位是并列的——这是勃鲁盖尔后期所有作品的一个特征。

勃鲁盖尔于 1568 年创作的悲观主义主题的《厌世者》（图 130）可以被当成是沉闷的景观寓言的产物。与世隔绝的隐士仍不能免除世间的恶意，一个套着地球仪的小偷正在偷他的钱包，这个小偷曾出现在《寓言》中，代表着虚无。他甚至也有可能代表了虚伪。因为画中的磨坊和村庄，特别是拄着棍子的牧羊人，以及光秃秃的风景和前景中出现的欺诈一幕形成了对比，代表着田园诗般的乡村理想就是过平静的有诗意的生活。

创作于 1566 年的《安乐乡的土地》（图 131）是勃鲁盖尔在慕尼黑古绘画陈列馆里的第二幅作品，展示中没有题目，是直接从《寓言》中借鉴而来的。然而，覆盖着待烘烤的蛋糕的屋顶，以及其他，如待宰的猪的图案，以相似的形式回归。在 16 世纪，安乐乡的故事和天堂及愚蠢的故事一样流行。这幅画中设计了一座看起来像是面包的小山丘，还有背景中有着同样意境的面团一样的云朵。三个吃饱了的人躺在一棵带有能提供食物的神奇桌子的树下。他们代表着不同的社会阶级。一个职员，我们从书和纸以及昂贵的皮毛外套中可以辨别出来，睁着眼仰面躺着。他面对着星星，等待着桌上的酒壶淌出的最后一滴酒。他把胳膊折起来垫在头下。他的左边（观赏者观看他的角度）是一个躺在脱粒连枷上的朴素农民，他双臂伸展着，身着白色长袖工作服，下面穿着一条棕色的、又紧又皱

图131 《安乐乡的土地》，1567年
镶板油画，52厘米×78厘米
巴伐利亚国家绘画收藏馆老绘画陈列馆，慕尼黑

安乐乡和居住在安乐乡的人们，这个主题在早期现代时期就已经风行于世。这个故事把乌托邦的一些观点和对懒惰挥霍的批判主义混合在一起。农夫、士兵、职员像一个大轮盘一样围在餐桌树下。画中的这个小团体标示着来自于任何等级的人都对安乐乡流连忘返。

图132 《夏天》，1568年
钢笔素描，22.0厘米×28.6厘米
汉堡美术馆铜版画陈列馆，汉堡

在《夏天》前景中饮水的收割者是勃鲁盖尔后期的人物风格。不同于现存于纽约的《谷子丰收》中的沉睡者，这幅画中的人物几乎是在传达着一个夏天的寓言。这幅画作直到1570年才被当作印刷品复制，从而吸引了许多画家中的临摹者。我们还不清楚为什么勃鲁盖尔在画完《春天》（图105）的三年后才创作了《夏天》。而其他两个季节则被其他的画家在他去世后完成。

的裤子，躺在那里看起来像个麻袋。

画中人物的轮廓非常柔和而体型却异常圆润。作者用一种看似不讨喜的方法描绘了第三个男子，他是一名独臂的士兵，身穿红底带黑条纹的裤子。他的双腿前部被严重地缩短，而他的上半身穿着的护身铠甲扭曲得不像样子，但在左臂处铠甲逐渐变短变平。

根据故事所说，安乐乡的食物极其丰富，想去的人必须从堆积如山的面团中吃出一条血路。

在现存于汉堡的《夏天》（图132）这幅作品中，一位口渴的收割者成为这个季节的缩影。他毫不客气地喝干了大水壶里的水。他坐在谷田与一排树木和灌木之间的空地中，让人觉得他下一步就要从画的边缘处走出来，在我们面前晃来晃去。在裂口处的铭文区，画出了这位农民的立体感：他伸出的腿和镰刀把画的阴影抛到了纸面上。而这样的投射法是从库克雕刻的框架中得来的，运用了错觉艺术的手法，按照惯例，作品铭文区的下边应该留有余地，但是在勃鲁盖尔早期作品中却没有这样的先例。靠近这个饮水的人，一位赶集的妇女出现在画中，她的头完全被一个巨大的扁平篮子遮住，篮子里装满了蔬菜和水果。而她手臂上的篮子大概是装满了樱桃。

不得不提这幅画背景中的这片田野，田野里大牧草垛已经竖立，《夏天》这幅画是《牧草》和《谷子丰收》（图98，图101）的混合体。土地和杂树林之间的透视排列使人联想到《谷子丰收》中那条横穿谷田的狭窄小径，它的迷人之

图133 《养蜂人》，1568年
钢笔素描，20.3厘米×30.9厘米
德国柏林国立普鲁士文化遗产图书馆，柏林

养蜂通常不是一项合群的作业，这就是为什么穿着保护服的三个养蜂人的活动被当作是一个系列行动的例子。他们后面爬上树的小伙子给左下角的铭文提供了出处，同时也赋予了这幅画以创造力：“了解蜂巢的人，知道它在哪；而抢劫它的人，持有它。”（参考图137）

处不在于中心的视角（图100）。相反，在《夏天》中，田地的边缘则向画的中心延伸而去，一直到那条水平线。令人困惑的是，在那之后地形又上升回去，与地平线那边的田地重叠在了一起。

在素描画《养蜂人》（图133）中，三个养蜂人正在试图赶拢一大群蜜蜂。一个蜂箱躺在右边的草地上，另一个立在后面远处的遮蔽物里。画面毫无疑问地很切题，而且三人的合作看起来相当地默契。在左前方的人正在搬运一个蜂箱，仿佛在小心翼翼地保守着一个秘密。他的头转向右侧，但是他看起来马上就要撞到中间摇晃着手臂向他走来的人物身上。在他后边，另外一个人物正在关闭或者打开一个蜂箱。这幅画最大的谜题是树上的小伙子，左侧的手写题词是这样说他的：“了解蜂巢的人，知道它在哪；而抢劫它的人，持有它。”我们不清楚养蜂人是怎样处理偷蜂巢的人的。是这个小伙子毫无胆怯地从养蜂人那儿抢了一大群蜜蜂吗？显然看不出来。这是一个被蓄意掩盖的政治声明吗？对此最新的解释是，养蜂人其实暗喻罗马天主教会。在宗教革新运动后，蜂箱被忽略而神职人员们像蜜蜂一样一窝蜂涌现出来，利用宗教裁判所和血腥巡回裁判制造了巨大的苦难和灾难。养蜂人可以被理解为宗教裁判所的告密者。而这个年轻的小伙子则是被迫害的受害者，他为了保命而爬上了一棵树。

虽然这幅画署名日期的后几位数字被裁掉了，但是1567年这个时间是可信的，这个时期处在西班牙公爵阿尔巴（1507—1582年）的统

图134 《两只猴子》，1562年
镶板油画，20厘米×23厘米
德国柏林国立普鲁士文化图书馆，柏林

在17世纪，这幅画叫作《安特卫普城的两只猴子》。背景中似乎是在证明当时安特卫普的繁荣，至少这里是绘画作品的大本营。作者成功地赋予了舍尔特河被雾气笼罩的意境，而画面中早期（1562年）的城市景象则令人大吃一惊。猴子是滑稽的，然而罕见的猴子无疑是在像红衣主教格朗韦勒这样的动物收藏家中最流行的收藏品。当时珍禽异兽都在安特卫普港交易。

治下，充满了可怕的审讯和处决。一篇由菲利普·马尼克斯写的名为《罗马教会的蜂巢》（原文为荷兰语）相关文章，虽然直到1569年才出现，但它对这一事件的批判观点压倒了之前的，而后又被记录了下来。

勃鲁盖尔最小的一幅作品描画了两只被锁在塔中深窗处的长尾猴（图134）。画中上了锁链的长尾猴正在吃坚果。它们几乎占据了小窗的所有空隙，让人不禁联想到监狱里的窗户。而猴子也许代表着对政治的含蓄批评。但我们并没有可靠的文字依据，虽然在勃鲁盖尔《疯狂的梅格》和版画《沉睡的商贩》中也都描画了猴子，但还是不能作为一个明确的证据证明这幅画中对猴子的隐喻。

外面的景色落到了安特卫普最重要的码头舍尔特河上，尽管这几乎不可能。因为图中可爱小动物身后的牢窗状框架只能在形式上或内容上与这座城市1560年至1567年间的批评潮相连接。在这段时期中，经济衰退，庄稼无收，圣像破坏运动风行，宗教裁判所越来越不满于对其有增无减的束缚。

和在《狂欢节和四旬斋之战》（图56）中跑龙套的跛子相比，《跛子》（图135）中的每一个跛子都有着自己独立的、不同的表现形式。在狂欢节的作品里，他们是被命运摆布的人，是乞讨者、残缺者和病痛缠身的人，他们像演滑稽戏的小丑一样，挣取微薄的怜悯。卢浮宫画里的跛子，也被认为是疯子，因为他们浑身被粘满了狐狸的尾巴，对这个象征有着众多的理解和有争议的出处。狐狸的尾巴是托钵修会的一个标志，这是一个关注于穷苦人民的修会，而这里的跛子毫无疑问是属于这个团体的。画中的跛子被刻画成乞讨者，因此出现在狂欢节中的形象绝不是偶然，而是一个精心的安排。在狂欢节里，他们依照往日的风格占据了整条街道，和江湖杂耍艺人混合在了一起。这幅现存于巴黎的作品中也有一个标识：右边的一个跛子的残腿上挂着小丑的铃铛，最左边的那个用拐杖支撑着身体，把双腿举到了半空中。画中的跛子把能当作帽子的东西都戴到头上，其中两个看起来还在歌唱着什么。和之前的作品（图56）比较来看，这幅画的周边环境并不是城镇，尽管我们在背景里可以找到两座建筑物。大地被绿草覆盖。两间朴素的砖房，左面一边的砖墙密密实实，右面一边的门上有个简易的雨遮，旁边高处还有一扇小窗。这些暗示着图中的地点可能是一座修道院的庭院，而画面右边拿着一把钥匙的修女也印证了这个可能。一直到近代才对描述穷苦、残缺、年迈和小丑的作品理解有了一个标准，因为他们的形象与资产阶级和贵族的画像背道而驰——雇用画家给自己画自画像的人是绝不希望这样的形象出现在自己的画里的。

勃鲁盖尔最后的一幅作品表现了一个完整的寓言，可能甚至超越了这个寓言本身。这幅作品叫作《捕鸟者》，现今存于维也纳（图137）。如果你从未看过勃鲁盖尔的作品，不熟悉他的风格，第一次看这幅画时它给你的第一印象是图中的人物和他的动作。一个农民小伙子正在吸引观众们把他们的注意力移到他身后爬树的小伙子身上。前者看起来好像正盯着对面的观赏者，而没有注意到前方有一条小河。危急的不只是他马上就要掉到河里，而是他竟然对此毫无察觉。对他身体的描画加剧了情况危急的效果，他看起来马上就要从画面中掉出来了。他的双腿，尤其是左腿，被极度地缩小了。这清楚地阐明了为什么艺术史学家们把这幅画称作“不朽的晚期风格”，可以察觉到勃鲁盖尔受到了米开朗基罗的影响（图136）。可为什么他晚期的三维人物形象是从一个意大利偶像画家的作品中衍生而来

图135 《跛子》，1568年
镶板油画，18厘米×21.5厘米
卢浮宫博物馆，巴黎

画面中跛子给人一种在舞蹈的感觉。他们的脚和假肢并没有都着地。他们的四肢也不协调，嘴巴还是张开的。抛开陈旧的法律，乞讨者和残疾人在16世纪是一个很大的社会问题。在人口中，跛子被看作是下等人，而他们中的很多人是早期被抓的壮丁。残疾人倾向于在城镇中寻求救济，因为他们不指望能在乡村里得到任何的帮助。

图136 米开朗基罗·布纳洛提
《乔奈》（西斯廷教堂的天花板细节），1508—1512年
壁画，13.7厘米×12.2米
西斯廷教堂，梵蒂冈，罗马

人体的每一个部分体积结构的简化，身体各个部分都向着房间里的某一个方向被明显扭曲和弯曲了，看起来可以和勃鲁盖尔后期作品中的不朽人物相比较。换句话说，这些人物特点被尼德兰艺术家们吸收并发展了。

的，这一点还不是很清楚。他们作品的主题和人物形象只能拿来单个比较，从未做过整幅的对比。可能勃鲁盖尔对光线的兴趣才是他绘画的实际问题，况且，他的画已自成一派，是不是受到意大利风格的影响也变得不重要了。画面中间小伙子肥大的身体是实际的血肉之躯，还是一个呈现在哈哈镜中的扭曲形象呢？于是这样的问题牵扯到了对其他人物形象的思考，比如《安乐乡的土地》（图131）中的人物。

《捕鸟者》这幅作品被认为是寓言“如果你了解这只鸟，你还没有拥有它。如果你捉住了它，它才是你的”的图画展现。但是画中那个处在危险境地、马上要掉入水中的旁观者有什么目的呢？去告诉一个已经知道危险的人那很危险不是一件很荒诞的事吗？同样的，第二层的含义，懦弱胆怯的人就一定会失败？画中四周都是田野；在右边，小河流向一个鱼塘。鱼塘后面是一间农屋，屋前的人和鸡依稀可见。画面右边，马匹正回到马厩中。房屋之间的距离和整个风景的朴素感一同赋予了这幅画田园的特征，而那个笨拙的农家小伙子也是这幅田园风景的一个投影罢了。可矛盾的是，捕鸟小伙子的袋子里不是已经装着猎物了吗？这样的问题——比如“纯朴的脸”（可能是一种愚蠢、狡黠和忧愁的表情）真正想要表达的意思是什么——并没有结论性的答案。也许这幅画在装帧时边缘被裁掉了，因此失去了一个对它理解的重要元素。虽然我们无法给这幅作品提供一个结论性的阐述，但它本身的艺术魅力无可匹敌。我们并不需要像往常一样去寻找解释，因为勃鲁盖尔的意图包括了自相矛盾的元素和模棱两可的含义。无理性是他创造力的一部分。这位画家感觉到了吸引艺术爱好者注意的是他在这幅画中设计的紧张感和矛盾性。就算我们无法解开这个谜团，但仍然可以为这幅画惊艳、困惑、开怀。

勃鲁盖尔的艺术在他儿子的作品中得到了延续，这些作品一部分是对他作品的临摹，一部分在其构图上做了不同的变化。临摹最多的是《死神的胜利》《露天的农民舞蹈》和《拜访小农场》，最后一幅老勃鲁盖尔的原作已经遗失。《施洗约翰的讲道》（图139）被临摹了20多次，其中有六幅出自小勃鲁盖尔。这里所说的这幅画在品质上已经十分接近他的父亲，因此现今还有人在辩论这幅画是否就是原来的版本。有一些艺术史学家们怀疑现今我们看到的老勃鲁盖尔《施洗约翰的讲道》（图88）一图的真伪，这意味着原来的版本已遗失。可是如果是这样的话，儿子们是在哪里临摹的这幅画，父亲又是如何复制了第一个版本，都是未解之谜。

扬和彼得在临摹父亲的树林风景画时加入了各种各样的新颖题材。一方面他们采用了父亲“全景”风景中的对角线构图法，另一方面他们却只在画面的一边画树林的景象。在儿子的作品中我们还可以看到他们借鉴了个别图案主题。扬·勃鲁盖尔的作品《河谷树林中的小路》（图138）中单独的图案主题和他父亲《月令》系列中的《牧群归来》（图102）中的有着相同之处。比如，画面中右边蜿蜒的河流和暴风雨即将来临的异常天气。但是，儿子在这幅画中所选择的人和物看起来更加的随意：透过云层的缝隙照到河面上的黄光时断时续而且没有洒落到其他的景物上，同时站在前方林中小路上的人们却被从左前方射来的光照亮。人物形象没有被更进一步地描画，但体型却越来越小。小路上的三个收割女孩使人想起了勃鲁盖尔《月令》系列里的另一幅画《牧草》（图98）。她们向着相反的方向走着，最年长的一个走在中间。但是——从瓦罐、笆篱、太阳帽和白色的短上衣可以看到——对应是那么的接近。其中的两个女人正在向着画外看，但她们的凝视却失去了应有的效果，因为奇怪的是边缘处的两个女人竟然正在向着右边看。这幅画中虽然找不到让观赏者一看见就大吃一惊的元素，但在这里可能引起了人们的好奇心，因为那条小路是用石头铺砌的。

鲁本斯在1635年的作品《归田赋》（图140）中，赋予了这个主题更大的严肃感，而且在他许多幅不同的作品中都持续运用这种处理手法，不只在归田的情景上，还有对广阔的天气状况的描画。这幅作品完成时，鲁本斯已经被痛风病折磨，失去了主要的收入来源。画中加入了手推车，但为了突出归田这个主题，多数劳作情景都被忽略掉了。一条深深的地平线不仅把风景变得简单明了，而且还加强了画面的意境。傍晚的光线显得有些抑郁。从这里可以看出，老勃鲁盖尔留下的深远影响一直延续到17世纪这个风景画家辈出的年代，其中的代表就是雅各布·凡·鲁伊斯（1628—1682年）。勃鲁盖尔的风景画被范·曼德不由自主地差不多都写进了《基地》——一本讨论油画的教导诗集中。所以在艺术理论史上，勃鲁盖尔是无法被忽略的人物。

在勃鲁盖尔的许多主要作品中，边缘线相交叉的方式无法光明正大地被任何一个流派所认可。几个世纪后，学院派油画的增长使人们减少了对勃鲁盖尔的兴趣。让人觉得有点吃惊

的是，他作品中的每个人似乎都在嘲笑着所谓的学术规则。那些农田风景画和大大小小的寓言画很快被遗忘，而它们在绘画流派中的地位也始终没有得到确定。后来，他的农民画终被一个绘画流派注意到，可遗憾的是这个派别是等级最低的一个；但是这些画的创作者最终被认定为一个后来的中世纪生活描画者。从任何一个评价角度看，他笔下的人物都和文艺复兴期望背道而驰，就算风格主义给他一个命名的地位，他也只是把它当成一个无聊的怪事短暂地考虑了一下而已。他被允许在风景画派和油画派创建上占据一席之地，但他作品之间的内部联系并没有被人理解。

在对流派的分类和他摘掉古典主义的帽子之间，看起来勃鲁盖尔不可能用风景画家的技能把他五花八门的创造带到和谐中去。他一语双关的把戏和画作中的谜团，还有他有远见性的描述——不管是否是有启示性的，是圣经的或历史的，抑或是古典的和文学的，以及被寓言、信仰和文化推动的——还有他眼中的平常人，总是可以在大幅的风景中占据一席之地，并带着复杂的表现力。可无疑的天分却没能轻易地

图137 《捕鸟者》，1568年
镶板油画，59厘米×68厘米
艺术博物馆，维也纳

关于图中年轻人姿势的谜题至今还没得到解答。如果他已经捕捉到了猎物，那么猎物就躺在他旁边地上的布袋里，还是说他只知道鸟巢在哪儿，就像寓言里说的，已被另外一个人捷足先登，这件事始终无法确定。不管怎样，他马上就要掉进小溪里。勃鲁盖尔的绘画技巧使图中的人物成为完全独立的平面，他的衣服看起来就像是第二层皮肤。图中偷鸟者宽大的臀部、小溪的弧线、前景中弯弯的河岸、低地平线以及光秃秃的背景一起，让人感觉仿佛是从一面凹凸不平、扭曲了的镜子中呈现出的画面。

把他理解分类。

任何对勃鲁盖尔打破常规的提及都暗示着两件事：首先，规则是存在的；其次，勃鲁盖尔自己不想遵守。但是大约在1550年间，文化和区域的变化毫无疑问比人自身的行为意愿更能决定一位画家在艺术事业上的发展。如果交易被拒绝，大师们和学徒就要去寻找新的作品。在画家工会里，有两种享有特别通行权的交易贯穿了勃鲁盖尔的作品：一种是插画书，其主要产物为小时书，地位在后文艺复兴时期岌岌可危；另外一种是祭坛壁画，在重复图案侵袭时期，几乎找不到任何的雇佣者。很有可能勃鲁盖尔在这两种交易中有根基，因为它们各自的主题、形象化的模式，以及构图规则看起来对他而言不是一个难题，实际上这些对他而言都太熟悉了，以至于他可以自由熟练地运用在自己的新主题上。这是他早期以《新约》故事为基础的风景画的情况，被认为是对帕蒂尼尔的风景画的继承。它被运用到浮夸的风景画上，在《月令》系列中可以看到，而他在西蒙·贝宁小时书中的日历缩图，更是意想不到地把镶板油画推到了一个制高点。

直到20世纪，勃鲁盖尔的图像语言才得到印证，他作品中对人性残酷一面的表现不只是对当时意大利风格文化主导局面的一个初始回应，而且还是一个独立体，也是尼德兰人文主义的体现。这位画家的好奇心萌芽于那个时期的新视野，但却因为少了基督教会的支持而没有得到巩固。从视觉语言上看，作品的真相游戏大幅度采用了对弗兰芒油画传统意识的分析。如果他没有创造力，他不会成为一名画家，而从他的眼见和经历中，创新的图画仍旧受时代约束，并没有得到与之相对称的广阔发展空间。

图138　扬·勃鲁盖尔
《河谷树林中的小路》，1602年
铜版油画，33厘米×47.5厘米
美术馆，公共艺术品收藏，巴塞尔

这幅画代表了某一特定类型的树林风景画，与《阴郁的一天》或《牧草》（图97，图98）不同的是，这里不再出现从前景到中间，一直贯穿到背景的转换。

图139　（对页，上图）彼得·勃鲁盖尔
《施洗约翰的讲道》，1601年
镶板油画，111厘米×175厘米
莱茵州立博物馆，波恩

施洗者约翰在16世纪成为一个比较重要的基督教话题，因为他过去对耶稣有很大的影响。图中描绘的主题不是正在施洗的约翰，而是在讲道的他。这幅复制品是小彼得·勃鲁盖尔依照他父亲的原本所画的。

图140　（对页，下图）彼特·保罗·鲁本斯
《归田赋》（局部），1653年
镶板油画，122厘米×195厘米
帕拉提那美术馆，皮蒂宫，佛罗伦萨

鲁本斯直到对勃鲁盖尔的风景画作了进一步的发展后，才开始他独立的创作。两个从田野里归来的女收割者和图中风景的氛围渲染都和存于布拉格的勃鲁盖尔作品《牧草》（图98）很接近。这幅风景画没有雇主，是鲁本斯单纯的艺术兴趣所在。

艺术家年表

1525/1530 年 勃鲁盖尔出生于布拉班特。他的名字会让人与几个村庄联系在一起，但是同时期的布雷达附近并没有一个与他同名的地点。

1525 年 勃鲁盖尔创作了第一幅有文件记录的作品。这幅作品是与彼得·鲍尔登共同创作的，勃鲁盖尔为梅赫伦公会绘制了祭坛两翼的外部壁画，但却没能幸存下来。

1552 年 在安特卫普圣卢克公会注册；为一个目前仍不被了解的名叫汉斯·弗兰克的商人工作，勃鲁盖尔与之相交甚好，并且一起去过城镇的集会。耶稣《播种寓言的风景》景观可能也是从这一年开始创作的。

1552/1553 年 进行意大利之旅。创作了第一幅有署名日期的素描。他长时间待在罗马和那不勒斯。罗讷河谷的风景和意大利修道院的景观，大概也是他在罗马的时候跟朱力奥·克洛维奥共同创作的。

1556/1557 年 十二幅系列组图《大景观》的发表让勃鲁盖尔与画家兼出版家海欧纳莫斯·库克进行合作。开始创作《善与恶》系列，三年后完成。

1559 年 第一次画多人物油画，都是跟习俗有关的主题：狂欢节、四旬斋、寓言。

1560 年 《儿童的游戏》绘制完成。

1562 年 勃鲁盖尔开始绘制跟圣经故事有关的题材，比如《建造巴别塔》和《扫罗的自决》，还有比较阴暗的作品，比如《死神的胜利》《疯狂的梅格》，以及《堕落天使》。

1563 年 在和可可基·范·埃尔斯特的女儿梅肯·可可基结婚之后，勃鲁盖尔和他的妻子搬到了布鲁塞尔。和所有的可能性相反，范·曼德在 1604 年把可可基称为勃鲁盖尔的老师。第三次特伦特会议结束，发表了天主教的教义声明。

1564 年 儿子彼得出生。勃鲁盖尔创作了《列队的骑兵》。

1565 年 创作了他自己唯一的一个系列作品《月令》，其中包括了《雪中猎人》《阴郁的一天》《牧草》《谷子丰收》《牧归》。尼古拉斯·约翰里克用这一系列画作为保证金和安特卫普市政府签字画押，为帮助朋友丹尼尔·德·布鲁内清还债务。《列队的骑兵》和《建造巴别塔》也在其个人收藏之列。勃鲁盖尔创作了仅有的两件神话题材画作，《伊卡洛斯的坠落》和《阿佩莱斯的恶习》。

1566 年 勃鲁盖尔创作了《伯利恒登记》。

1557 年 阿尔巴公爵进入布鲁塞尔。《露天婚礼的舞蹈》《贤士来朝》《安乐乡的土地》绘制完成。血腥议会开始反对异教徒。

1568 年 勃鲁盖尔的第二个儿子扬出生。最重要的农民题材的作品诞生。几幅小尺寸的画作是以早期一些作品为基础的：《两只猴子》《厌世者》《捕鸟者》《年迈的农妇》《跛子》。勃鲁盖尔的人物风格发生了改变，用一种讽刺的方式描画了比米开朗基罗更不朽的风格作品。

1569 年 勃鲁盖尔死因不明。根据范·曼德的说法，勃鲁盖尔临终之前毁坏了任何带有政治危险的画作，以让自己的家庭远离危险。

1570 年 库克在勃鲁盖尔死后出版了系列作品《四季》，其中包括勃鲁盖尔的《春天》（1565 年）和《夏天》（1568 年）。次年，这个系列中的所有创作都被再版或首版。

术语表

阿尔巴公爵（Alba，Duke of）（1508—1582 年）

作为查尔斯五世皇帝最成功的将军之一，他成为菲利普二世在 1567 年残暴占领尼德兰的工具。他个人应为血腥议会的建立负责，议会在接下来的五年中一共处决了一万八千名“异教徒”（据他自己所说），为此教皇嘉奖他为“天主教信仰的捍卫者”。

寓言（allegory）

一幅抽象的插图，在美术和文学领域中表现出抽象的概念或者理念，也可通过场景或者人物（拟人化）来表现。

浸礼会教徒（Anabaptist）

一个约在 1520 年于萨克森发展起来的教派，他们拒绝婴儿洗礼，并且坚持成人进行再洗礼。他们宣扬平等和商品社会，但是很快就放肆无法无天。这项运动最终在 1535 年芒斯特的围攻下消失在德国，但是在荷兰以更合理的形式又延续了一段时间。

阿佩利斯（Apelles）（约公元前 330 年）

希腊画家。虽然只有相关的文字记载，但他的作品却在文艺复兴时期被画家们试验性地进行重塑。他的画作因非凡的现实主义而闻名。

启示录（Apocalypse）

圣约翰的天启，《新约》的最后一本书。上帝的愤怒突然袭来，世界被描绘出三种景象：人间遭受着可怕的自然灾害，善恶力量的激烈对峙，新的天堂和新的人间在天上的耶路撒冷结合在一起。第二次降临的基督在世界末日的宣誓是为了安慰受迫害的基督教徒，并让他们准备接受随后而来的恐怖事件。

次经（Apocrypha）

犹太教或者是早期基督教增加到《旧约》和《新约》中，不在《圣经》正典中的。

特征（attribute）

一种象征性的物体，被习惯性地运用在绘画和雕刻中，一个能被识别出的特定的人物，尤其是艺术品中的圣徒。

伯格音运动，贝居安女（Béguines，béguinage）

伯格音运动是 1170 年妇女组织发起的宗教运动，并在 1216 年得到教皇何诺三世（1216—1227 年）的口头承认。她们生活清苦，住在一个修道院式的社区（贝居安）中，却不发誓愿。她们因为身穿灰色的衣服而得名（拉丁语“灰色”音似“伯格音”），灰色着装使她们和普通市民区分开来。这一运动在 13 世纪风行，尤其是在德国（莱茵河下游，巴伐利亚）和法国稍后在欧洲的其他地方也流行起来。在那里，她们致力于照顾生病的人。她们因为寂静的神秘主义被指控为异教徒，并被教会和教皇约翰十二世（1316—1334 年）系统地取缔了，最终她们在中世纪的末端逐渐地消失殆尽。

小时书（Book of hours）

一本中世纪供平信徒使用的祈祷书，包含了七个祈祷时段所用的文字。在中世纪和文艺复兴时期，小时书通常配有丰富的插图。

日历（calendar）

万年历经常出现在小时书的前面，用插图来说明月令劳作。老彼得·勃鲁盖尔明显对对传统的小时书非常熟悉，并且工作也按照月令来进行。

骷髅地（calvary）

它通常指放满头盖骨的地方，其拉丁语名字是希伯来语“各各他”。在画作中，它通常指基督被十字架钉死的地方，并且经常用来代表《列队的骑兵》中的场景。

单色画法（camaieu）

一种在帆布、木头、瓷器或者是玻璃上作画的技巧，用单一颜色限制自身的阴影，有时候使用白色高光。在 16 世纪，众所周知的如浮雕式灰色装饰画画法（就是在灰色上叠加灰色）特别流行。一般在绘画中用来模仿雕塑。

天主教改革（Catholic Reform）

这个词在教会历史上指的是整个教会的复兴，早在中世纪晚期时就已经有一部分教会成员认为改革势在必行。虽然在像康斯坦茨会议（1414—1418 年）、巴塞尔会议（1431—1437 年和 1438 年），或者第五次拉特兰议会（1512—1517 年）这样的会议上改革方案都获得了认同，但却始终没有得到持久的结果。一直到新教的“宗教改革”迫使教皇和罗马教廷不得不针对天主教内部诸如滥用职权、道德沦丧、无度放纵，以及对圣人圣徒的极端崇拜等不公行为做出一系列的举措，改革到此才迈出了完整的一步。随着保罗三世教皇 1544 年对《洗净耶路撒冷》的推举，特伦特委员会被召集起来，经过三次会议之后天主教会终于颁布了姗姗来迟的改革方案。但是“天主教改革”一词主要适用于“宗教改革”之后一直持续到 17 世纪的教会内部改革，而“反宗教改革”，被历史学家利奥波德·冯·兰克（死于 1886 年）采用后就一直沿用至今，这个词可适用于某些措施，尤其指天主教会针对新教的“宗教改革”而从事的暴力措施。1555 年的奥格斯堡合约给天主教的王公贵族们安置了一项义务：让他们在自己的管辖区推行天主教教规从而加强执行“反宗教改革”。这一举动在德国、法国、英国和西班牙—荷尼德兰都受到了不同程度的影响。

彩色透视（color perspective）

在绘画领域关于深度的光学创造是通过颜色，而不是线条来表现的，通过在比例上减少颜色的强度来展现前景与远景的距离。

铜版画（copper engraving）

最古老的雕刻印刷形式。线条按照原画被雕刻在铜版之上。雕刻者一般来说是更具经验的工匠，而不是创作原画的艺术家，所以线条的雕刻与原画相比更趋向简洁。

现代虔诚运动（Devotio moderna）

一种虔诚的改革运动，由神秘主义者和受欢迎的传教士格哈德·格洛特（死于1384年）在代芬特尔成立，寻求用信仰基督的内心虔诚取代团体和个体捆绑在一起的宗教义务。其主要的义务是阅读《圣经》和沉思。这项运动于15-16世纪在西欧流行起来。

蚀刻板画（etching）

和古时雕刻不同，不是用针，而是使用酸制造切口来进行实际的绘图。绘制时，用针穿过耐酸的腐蚀涂料来进行蚀刻；用酸雕刻的区域，针很少被用到。这项技术是由奥格斯堡的丹尼尔·奥托在15世纪早期发明出来的。从线的方面来对比，即便是雕刻的风格，蚀刻的线条也更加自由，允许更多差异化的浓淡处理和绘画效果的展现。

圣经注释（Exegesis）

对古典和《圣经》文字的解释和阐述。在中世纪，包括依照《新约》事件的"预想"来解释《旧约》中的事件。圣经注释还包括预言引用的说明。

风俗画（genre painting）

是一种以日常生活中典型的场景和事件为主题的画作。从17世纪绘画的学术结构上来看，它被视为最低类别的绘画，地位最高的是历史画。

黄金传说（Golden Legend）

一系列关于早期基督教使徒和圣徒的故事，该系列由多米尼加修士雅各布·德·沃拉吉纳在13世纪后半期完成。它是中世纪和后中世纪时期关于基督教艺术非常有影响力的原始资料。

纯灰色画（grisaille）

以单色绘画，是一种故意省略其他色彩只用石质颜色、深浅的灰色或棕色的绘画。经常被用于模仿雕塑的绘画中。

异教徒（heresy）

在基督教中思想信念的信仰或者忏悔不同于公认的基督教信仰教义者。

历史画（history painting）

一种表现重要历史时刻、传说、《圣经》或古典神话中的人物或事件的绘画。在17-19世纪被认为是学术规则下最高的艺术流派，因为历史画作者也是其他艺术门派（肖像画、风景画、静物和风俗画）的大师。

人文主义（Humanism）

是一项在14世纪中期起源于意大利的哲学运动，把对古迹的注意转移到人类本身，强调了人的重要性。在人文主义时期，文艺复兴精神形态已经形成，人已经从上帝那里将人解放出来。它使得宗教领域中探索新见解和关于世界的科学运作齐头并进。人文主义者特别注重希腊语、拉丁语语言和文学的重新发现和培育。直到现在，这个词仍代表了所谓结合了基于古典学问的教育和基于现实观察的人性的理想。

圣像破坏运动（Iconoclasm）

对宗教画蓄意践踏破坏，其理由是因画作本身的崇敬而因此产生盲目崇拜。

图像学（iconography）

最初指对经典肖像画的研究和识别。在艺术史中，是指对图画的主题和象征意义的系统研究。

彩绘写本（illumination）

一种在早期书籍和手稿中使用的绘画艺术。这个词最早是指金色、银色的高光（特别是大写字母）的使用集锦，但现在指所有早期书籍和手稿的绘制。

哀歌（Lamentation）

一个非圣经的主题，在耶稣被钉死在十字架后表现为马利亚被天使、圣约翰、圣女和其他人围绕的场景。更多的表现的是一个虔诚的形象而非事件本身，它在14-15世纪的北欧特别受欢迎。

风景画（landscape painting）

早期风景画出现在罗马帝国的壁画之中，但是这个主题随后因古典艺术中反自然主义趋势和中世纪西方绘画而逐渐衰落。直到14世纪后半期，随着绘画渲染的出现，表现空间深度的兴趣再起。风景画，15世纪早期以弗兰芒－勃艮第微缩图的形式被接受。与此同时，扬·凡·艾克和迪特里希·鲍茨的镶板油画将自然背景当作一个整体，将它从先前正规的死板中解放出来。第一幅纯粹的风景画可追溯至1473年，是莱奥纳多·达·芬奇（1452—1519年）的铅笔画，现在被存放于佛罗伦萨的乌菲齐美术馆。之后的接班人是乔尔乔内（1476/1478—1510年）、多索·多西（约1486—1541/1542年）、阿尔布雷特·丢勒（1471—1528年）和阿伯切特·阿尔特多弗（1480—1538年）；他们主要关注的是氛围的加强和对迷人风景的表现的部分。这种传统一直延续到老彼得·勃鲁盖尔——他是将四季不同特征作为自己绘画主题的第一人，之后西利斯·冯·可尼克隆（1544—1606年）和保罗·布利尔（1554—1626年）创造了自然主义，独立的风景绘画作品迎来了伟大的荷兰风景绘画时代。

门廊（loggia）

一条走廊或者一个能一面或多面敞开的房间，它的屋顶由圆柱支撑。

曼德，卡雷尔·冯（Mander，Carel van）（1548—1606年）

弗兰芒人文主义者，画家，艺术史家。他在1604年写了《画家之书》，这本书是以乔治·瓦萨里（1511—1574年）的艺术家生平《生活》为范例所著。

风格主义（Mannerism）

一种介于文艺复兴时期和巴洛克时期之间的艺术形式，存在于1520/1530—1620年。风格主义从文艺复兴时期的理想比例和构图形式逐渐发展而来。画页设计变得更加动态，人体变得更长而且被描绘得与解剖学位置相矛盾。组合变得过于复杂，光照效果不合理且非常夸张，白色从相关对象分布中脱离出来。

斗篷（mantle）

一种敞开穿着的外套，在15世纪后半期和16世纪很流行，它经常用皮毛缝边、装饰领子。它的长度根据穿着者的社交需要可达膝盖或脚面。

托钵修会（Mendicant orders）

在13世纪崛起，进行针对教会现世性的反对运动。修会的成员们放弃了自己的全部个人财产，过着清苦的生活，他们致力于教牧关怀、布道和传教。托钵修会包括方济会、卡普桑教会、道明会、奥斯定会、和加尔默罗会。

微缩画（miniature）

在中世纪的手稿和书籍中那些小且大多数上了色的绘画或铅笔画，与文字合并在一起或者单独占据一整页。

尼德兰（Netherlands）

在中世纪和后中世纪的早期，整个荷兰语/弗兰芒语区，就是今天我们熟知的比利时和荷兰，它是和比利时主要天主教区及荷兰主要的新教教区一起，从文艺复兴时期之后以宗教分区的地区发展起来的。1834年，尼德兰王国成为勃艮第公爵领地，但是1493年起处在哈布斯堡皇帝的控制之下。从1520年到1550年，荷兰语地区哈布斯堡皇帝查尔斯五世试图控制改革的传播，但在1555年他将控制权传给了他的儿子菲利普二世——除了是一个狂热的天主教徒，还是一个彻头彻尾的西班牙人。菲利普对尼德兰王国的统治是一场巨大的灾难，导致北方地区（今荷兰）从1580年起逐渐摆脱了西班牙的统治。南部地区（弗兰芒）直到1711年则一直处于西班牙统治之下，此后哈布斯堡皇帝对其的统治一直持续到1815年。比利时于1830年宣布独立。

这一区域在文艺复兴之前和文艺复兴早期的艺术被称为弗兰芒。

油画颜料（oil paint）

一种用于作画的颜料，包括干性油、其他物质和不溶于油的颜料。用于遮盖颜料的主要干性油由亚麻籽、罂粟籽和核桃油构成。

镶板油画（panel painting）

一种有刚性支撑（通常是木质板子）的便携式绘画。直到15世纪帆布才开始取代木质画板。勃鲁盖尔显然是在保护传统，因此很少使用帆布。

羊皮纸（parchment）

在公元前4世纪，将动物皮肤浸泡在石灰碱液中，其耐用的表面可以取代纸草用来写作和绘画。通常使用的是绵羊或者山羊的皮，上好的羊皮纸（牛皮纸）是由刚出生的牛犊或者羊犊的皮肤制成的。中世纪羊皮纸和牛皮纸用于抄本、文件和手稿的彩饰。从12-16世纪，作画之前，羊皮纸当作一层表面保护层被用到板面绘画中。

附属物（parergon）

一件主要工作的次要部分，比如26页维米尔画中的地图，或奥特里斯伟大地图集中的历史地图。

拟人化（personification）

在寓言艺术中，将抽象的想法用人类形态表现出来。

透视（perspective）

一种在平面或者近似平面上表现三维立体的方法。物体和人物被尽可能按照光照条件下观赏者实际看到的进行描绘。

预示（prefiguration）

《新约》事件中所谓的预感和《旧约》中的事件和情况，比如十二先知书预示了十二使徒，这样它们形成了一个典型和非典型的二分法。

复制品（replica）

跟原始作品几乎一模一样的复制品。经常由艺术家本人（或者他的工作室）完成一幅市场上流行画作的复制。

金属碎片（repoussoir）

处于图片前景中的人物或者物体（比如树桩或建筑碎片），用来营造一种纵深感，并且在某种程度上也引导看向主要事物的眼睛产生“推回感”。

天主教徒（Romanists）

16世纪对荷兰画家、图形艺术家、雕刻家、织布工群体统称的术语，因他们或多或少都在意大利（罗马或威尼斯）待过一段时间。他们的风格和文艺复兴后期意大利绘画文体风格、风格主义（拉斐尔和米开朗基罗）和古代经典的地域传统奇特地结合在一起。这种风格大概在1510年左右起源于简・戈萨特——被称为马布斯（1478—1533/1536年）并且持续到勃鲁盖尔晚年时代的弗兰斯・弗洛里斯・德・迪利伦特（约1516—1570年）。

圣路加公会（St. Luke's Guild）

公会是一种起源于中世纪的工匠商业社团。在这里，福音传道者圣路加成为艺术家的守护神，根据传说，是他绘制了一幅圣母画像。

斯多葛学派（Stoicism）

基提翁的芝诺（公元前336—264年）建立的一种哲学传统。在公元320年左右，芝诺离开了塞浦路斯前往雅典学习哲学，最终建立了自己的彩绘门廊学校。他的哲学理论精华在于，他认为只有那些遵守适当道德戒律、掌握基本美德（公正、勇敢、沉着）、避免恶习、控制个人兴趣和热情的人才能获得幸福。

地貌学（Topography）

一种对地理位置的描述，需要尽可能多地对细节进行精确描述。

俯视图（top view）

绘画中的一种角度，观看者在高于被描绘物体的水平位置。是“鸟瞰”的一种高度变异。

象征主义（Typology）

一个在《旧约》和《新约》间的对应的信条，基于《新约》是《旧约》的履行这一观点。

消失点（vanishing point）

在一组线条组成的透视图中的中心点，看起来是相交的，但实际上是平行的。

城市景观图（veduta）

一种风景画或绘图类型，试图用客观正确及自然的方式呈现一个城市或风景的视角。

马可・维特鲁威（Vitruvius Pollio，Marcus）

罗马建筑师，他的十本建筑学著作成为文艺复兴时期建筑学理论的基石。

拉丁文圣经（Vulgate）

由圣哲罗姆（公元前247—419/420年）翻译的标准拉丁语《圣经》。从8世纪开始使用，由天特会议在语言上再次改进的版本（1545—1563年）被定为信仰和道德方面唯一真正的《圣经》。

参考文献

Ausst. Kat.: Antwerpen, Story of a Metropolis, 16th–17th Century, Hessenhuis, Antwerpen 1993.

Ausst. Kat.: Breughel, Pieter Breughel d. J. – Jan Brueghel d. Ä., Flämische Malerei um 1600, Tradition und Fortschritt, 3 Bde., Kunsthistorisches Museum Wien 1998.

René van Bastelaer u. Georges Hulin de Loo: Pieter Bruegel l' Ancien, son Œuvre et son temps (3 Bde.), Brüssel 1907.

Iain Buchanan: The collection of Niclaes Jonghelinck, The »Months« by Pieter Bruegel the Elder, (=Documents for the History of Collecting 10), in: Burlington Magazine 132, London 1990, S. 541–550.

Reindert Falkenburg: Pieter Bruegels Kruisdraging. Een proeve van »close reading«? in: Oud Holland 107, s' -Gravenhage 1993, S. 17–33.

Wilhelm Fraenger: Der Bauern-Bruegel und das deutsche Sprichwort, Erlenbach, Zürich, Leipzig 1938.

Max Jacob Friedländer: Early Netherlandish Painting. Bd. XV: Pieter Bruegel, Leiden 1937.

Gustav Glück: Bruegels Gemälde, Wien 1932 (4. Aufl. 1937).

Fritz Grossmann: Bruegel. Complete Edition of the Paintings, London 1973.

Jan de Jong, Mark Meadow, Herman Roodenburg, Frits Scholten: Pieter Bruegel. Nederlands Kunsthistorisch Jaarboek 47, Zwolle 1996.

Eberhard König: Simon Bening. Das Blumen-Stundenbuch clm 23/637, Bayerische Staatsbibliothek München. Kommentar zum Faksimile (in Zusammenarbeit mit Bodo Brinkmann). Luzern 1991.

Hans Mielke: Pieter Bruegel. Die Zeichnungen, Antwerpen 1996.

Justus Müller Hofstede: Zur Interpretation von Pieter Bruegels Landschaft. Ästhetischer Landschaftsbegriff und stoische Weltbetrachtung, in: Colloquium Berlin 1975, Pieter Bruegel und seine Welt, Berlin 1979, S. 73–142.

Edward Snow: Meaning in Children' s Games. On the limitations of the Iconographic Approach to Bruegel, in: Representations 1, Berkeley 1983, S. 27–60.

Carl Gustav Stridbeck: Bruegelstudien. Stockholm 1956.

Charles de Tolnay: Pierre Bruegel l' Ancien, Brüssel 1935.

图片版权

衷心感谢各大博物馆、收藏者、图书馆和摄影师允许我们在本书中复制这些图片，感谢他们为了书籍出版进行的友好合作。